U0583367

吉林全書

史料編

③

吉林文史出版社

圖書在版編目（CIP）數據

長白山江岡志略 / (清) 劉建封著 . -- 長春 : 吉林文史出版社 , 2024. 12. -- (吉林全書). -- ISBN 978-7-5752-0834-5

Ⅰ . K928.3

中國國家版本館 CIP 數據核字第 2024JY9627 號

CHANGBAISHAN JIANG GANG ZHI LÜE

長 白 山 江 岡 志 略

著　　者　［清］劉建封
出 版 人　張　强
責任編輯　王　非　弭　蘭
封面設計　溯成設計工作室
出版發行　吉林文史出版社
地　　址　長春市福祉大路5788號
郵　　編　130117
電　　話　0431-81629356
印　　刷　吉林省吉廣國際廣告股份有限公司
印　　張　18.5
字　　數　150千字
開　　本　787mm × 1092mm　1/16
版　　次　2024年12月第1版
印　　次　2024年12月第1次印刷
書　　號　ISBN 978-7-5752-0834-5
定　　價　100.00圓

《吉林全書》編纂委員會

主　任

曹路寶

副主任

王　穎　張志偉　劉立新　孫光芝　于　强　鮑盛華　張四季　劉信君

李德山　鄭　毅

編　委

（按姓氏音序排列）

安　静　陳艷華　程　明　費　馳　高福順　韓戾軍　胡維革　黄　穎

姜維公　姜　洋　蔣金玲　竭寶峰　李　理　李少鵬　劉奉文　劉　樂

劉立强　羅冬陽　吕　萍　施立學　孫洪軍　孫　宇　孫澤山　佟大群

王　非　王麗華　魏　影　吴愛雲　吴長安　薛　剛　楊洪友　姚淑慧

禹　平　張　强　張　勇　趙春江　朱立春

總主編　曹路寶

史料編主編　胡維革　李德山　竭寶峰

《吉林全書》學術顧問委員會

學術顧問（按姓氏音序排列）

邴　正　陳紅彦　程章燦　杜澤遜　關樹東　黄愛平　黄顯功　江慶柏

姜偉東　姜小青　李花子　李書源　李　岩　李治亭　厲　聲　劉厚生

劉文鵬　全　勤　王　鍔　韋　力　姚伯岳　衣長春　張福有　張志清

總序

『長白雄東北，嵯峨俯塞州。』吉林省地處中國東北中心區域，是中華民族世代生存融合的重要地域，素有『白山松水』之地的美譽。歷史上，華夏、濊貊、肅慎和東胡族系先民很早就在這片土地上繁衍生息，高句麗、渤海國等中國東北少數民族政權在白山松水間長期存在，以契丹族、女真族、蒙古族、滿族融合漢族在内的多民族形成的遼、金、元、清四個朝代，共同賦予吉林歷史文化悠久獨特的優勢和魅力，決定了吉林文化不可替代的特色與價值，具有緊密呼應中華文化整體而又與衆不同的生命力量，見證了中華民族共同體的融鑄和我國統一多民族國家的形成與發展。

提到吉林，自古多以千里冰封的寒冷氣候爲人所知，一度是中原人士望而生畏的苦寒之地，一派肅殺之氣。再加上吉林文化在自身發展過程中存在着多次斷裂，致使衆多文獻湮没、典籍無徵，一時多少歷史文化精粹『明珠蒙塵』，因此，形成了一種吉林缺少歷史積澱，文化不若中原地區那般繁盛的偏見。實際上，在數千年的漫長歲月中，吉林大地上從未停止過文化創造，自青銅文明起，從先秦到秦漢，再到隋唐直至明清，吉林地區不僅文化上不輸中原地區，還對中華文化産生了深遠的影響，爲後人留下了衆多優秀古籍，涵養着吉林文化的根脉，猶如璀璨星辰，在歷史的浩瀚星空中閃耀着奪目光輝，標注着地方記憶的傳承與中華文明的賡續。我們需要站在新的歷史高度，用另一種眼光去重新審視吉林文化的深邃與廣闊，通過豐富的歷史文獻典籍去閱讀吉林文化的傳奇與輝煌。

吉林歷史文獻典籍之豐富，源自其歷代先民的興衰更替、生生不息。吉林文化是一個博大精深的體系，從左家山文化的『中華第一龍』，到西團山文化的青銅時代遺址，再到二龍湖遺址的燕國邊城，都見證了吉林大地的文明在中國歷史長河中的肆意奔流。早在兩千餘年前，高句麗人的《黄鳥歌》《人參贊》以及《留記》等文史作品就已在吉林誕生，成爲吉林地區文學和歷史作品的早期代表作。高句麗文人之《新集》，渤海國人『疆理雖重海，車書本一家』之詩篇，金代海陵王詩詞中的『一咏一吟，冠絶當時』，再到金代文學的『華實相扶，骨力遒上』，皆凸顯出吉林不遜文教、獨具風雅之本色。

吉林歷史文獻典籍之豐富，源自其地勢四達并流、山水環繞。吉林土地遼闊而肥沃，山河壯美而令人神往，吉林大地可耕可牧、可漁可獵，無門庭之限，亦無山河之隔，進出便捷，四通八達。沈兆褆在《吉林紀事詩》中寫道，『肅慎先徵孔氏書』，印證了東北邊疆與中原交往之久遠。早在夏代，居住於長白山脚下的肅慎族就與中原建立了聯係。一部《吉林通志》，『考四千年之沿革，挈領提綱；綜五千里之方輿，辨方正位』，從時間和空間兩個維度，寫盡吉林文化之淵源深長。

吉林歷史文獻典籍之豐富，源自其民風剛勁、民俗絢麗。《長白徵存録》寫道，『日在深山大澤之中，伍鹿豕、耦虎豹，非素嫻技藝，無以自衛』，描繪了吉林民風的剛勁無畏，爲吉林文化平添了幾分豪放之感。清代藏書家張金吾也在《金文最》中評議，『知北地之堅强，絶勝江南之柔弱』，足可見，吉林大地與生俱來的豪健英杰之氣。同時，與中原文化的交流互通，也使邊疆民俗與中原民俗相互影響、不斷融合，既體現出敢於拼搏、鋭意進取的開拓精神，又兼具脚踏實地、穩中求實的堅韌品格。

吉林歷史文獻典籍之豐富，源自其諸多名人志士、文化先賢。自古以來，吉林就是文化的交流彙聚之地，從遼、金、元到明、清，每一個時代的文人墨客都在這片土地留下了濃墨重彩的文化印記。特别是，清代東北流人的私塾和詩社，爲吉林注入了新的文化血液，用中原的文化因素教化和影響了東北的人文氣質和文化形態；至近代以『吉林三杰』宋小濂、徐鼐霖、成多禄爲代表的地方名賢，以及寓居吉林的吴大澂、金毓黻、劉建封等文化名家，將吉林文化提升到了一個全新的高度，他們的思想、詩歌、書法作品中無一不體現着吉林大地粗狂豪放、質樸豪爽的民族氣質和品格，滋養了孜孜矻矻的歷代後人。

盛世修典，以文化人，是中華民族延續至今的優良傳統。我們在歷史文獻典籍中尋找探究有價值、有意義的歷史文化遺産，於無聲中見證了中華文明的傳承與發展。吉林省歷來重視地方古籍與檔案文獻的整理出版。自二十世紀八十年代以來，李澍田教授組織編撰的《長白叢書》，開啓了系統性整理、組織化研究吉林文獻典籍的先河，贏得了『北有長白，南有嶺南』的美譽；進入新時代以來，鄭毅教授主編的《長白文庫》叢書，繼續肩負了保護、整理吉林地方傳統文化典籍，弘揚民族精神的歷史使命，從大文化的角度折射出吉林文化的繽紛异彩。隨着《中國東北史》和《吉林通史》等一大批歷史文化學術著作的問世，形成了獨具吉林特色的歷史文化研究學術體系和話語體系，對融通古今、賡續文脉發揮了十分重要的作用。正是擁有一代又一代富有鄉邦情懷的吉林文化人的辛勤付出和豐碩成果，使我們具備了進一步完整呈現吉林歷史文化發展全貌，淬煉吉林地域文化之魂的堅實基礎和堅定信心。

當前，吉林振興發展正處在滚石上山、爬坡過坎的關鍵時期，機遇與挑戰并存，困難與希望同在。站在這樣的歷史節點，迫切需要我們堅持高度的歷史自覺和人文情懷，以文獻典籍爲載體，全方位梳理和展示吉林政治、經濟、社會、文化發展的歷史脉絡，讓更多人瞭解吉林歷史文化的厚度和深度，感受這片土地獨有的文化基因和精神氣質。

鑒於此，吉林省委、省政府作出了實施《吉林全書》編纂文化傳承工程的重大文化戰略部署，這不僅是深入學習貫徹習近平文化思想、認真落實黨中央關於推進新時代古籍工作要求的務實之舉，也是推進吉林優秀傳統文化保護傳承、建設文化强省的重要舉措。歷史文獻典籍是中華文明歷經滄桑留下的最寶貴的東西，是吉林優秀歷史文化『物』的載體，彙聚了古人思想的寶藏、先賢智慧的結晶。對歷史最好的繼承，就是創造新的歷史。傳承延續好這些寶貴的民族記憶，就是要通過深入挖掘古籍藴含的哲學思想、人文精神、價值理念、道德規範，推動中華優秀傳統文化創造性轉化、創新性發展，作用于當下以及未來的經濟社會發展，更好地用歷史映照現實、遠觀未來。這是我們這代人的使命，也是歷史和時代的要求。

從《長白叢書》的分散收集，到《長白文庫》的萃取收録，再到《吉林全書》的全面整理，以歷史原貌和文化全景的角度，進一步闡釋了吉林地方文明在中華文明多元一體進程中的地位作用，講述了吉林人民在不同歷史階段爲全國政治、經濟、文化繁榮所作的突出貢獻，勾勒出吉林文化的質實貞剛和吉林精神的雄健磊落、慷慨激昂，引導全省廣大幹部群衆更好地瞭解歷史、瞭解吉林，挺起文化脊梁、樹立文化自信，不斷增强砥礪奮進的恒心、韌勁和定力，持續激發創新創造活力，提振幹事創業的精氣神，爲吉林高品質發展明顯進位、全面振興取得新突破提供有力文化支撑，彙聚强大精神力量。

爲扎實推進《吉林全書》編纂文化傳承工程，我們組建了以吉林東北亞出版傳媒集團爲主體，涵蓋高等院校、研究院所、新聞出版、圖書館、博物館等多個領域專業人員的《吉林全書》編纂委員會，并吸收國内知名清史、民族史、遼金史、東北史、古典文獻學、古籍保護、數字技術等領域專家學者組成顧問委員會，經過認真調研、反復論證，形成了《〈吉林全書〉編纂文化傳承工程實施方案》，確定了『收集要全、整理要細、研究要深、出版要精』的工作原則，明確提出在編纂過程中不選編、不新創，尊重原本、致力全編，力求全方位展現吉林文化的多元性和完整性。在做好充分準備的基礎上，《吉林全書》編纂文化傳承工程於二〇二四年五月正式啓動。

爲高質量完成編纂工作，編委會對吉林古籍文獻進行了空前的彙集，廣泛聯絡國内衆多館藏單位，尋訪民間收藏人士，重點以吉林省方志館、東北師範大學圖書館、長春師範大學圖書館、吉林省社科院爲收集源頭開展了全面的挖掘、整理和集納；同時，還與國家圖書館、上海圖書館、南京圖書館、遼寧省圖書館、吉林省圖書館、吉林市圖書館等館藏單位及各地藏書家進行對接洽談，獲取了充分而精准的文獻信息。同時，專家學者們也通過各界友人廣徵稀見，在法國國家圖書館、日本國立國會圖書館、韓國國立中央圖書館等海外館藏機構搜集到諸多珍貴文獻。在此基礎上，我們以審慎的態度對收集的書目進行甄别、分類、整理和研究，形成了擬收録的典藏文獻名録，分爲著述編、史料編、雜集編和特編四個類别。此次編纂工程不同於以往之處，在於充分考慮吉林的地理位置和歷史變遷，將散落海内外的日文、朝鮮文、俄文、英文等不同文字的相關文獻典籍一并集納收録，并以原文搭配譯文的形式收於特編之中。截至目前，我們已陸續對一批底本最善、價值較高的珍稀古籍進行影印出版，爲館藏單位、科研機構、高校院所以及歷史文化研究者、愛好者提供參考和借鑒。

『周雖舊邦，其命維新』，文獻典籍最重要的價值在於活化利用。編纂《吉林全書》并不意味着把古籍束之高閣，而是要在『整理古籍、複印古書』的基礎上，加强對歷史文化發展脉絡的前後貫通、左右印證，更好地服務於對吉林歷史文化的深入挖掘研究。爲此，我們同步啓動實施了『吉林文脉傳承工程』，旨在通過『研究古籍、出版新書』，讓相關學術研究成果以新編新創的形式著述出版，借助歷史智慧和文化滋養，通過創造性轉化、創新性發展，探尋當前和未來的發展之路，以守正創新的正氣和鋭氣，賡續歷史文脉、譜寫當代華章。

做好《吉林全書》編纂文化傳承工程是一項『汲古潤今，澤惠後世』的文化事業，責任重大、使命光榮。我們將秉持敬畏歷史、敬畏文化之心，以精益求精、止於至善的工作信念，上下求索、耕耘不輟，爲實現文化種子『藏之名山，傳之後世』的美好願景作出貢獻。

《吉林全書》編纂委員會

二〇二四年十二月

凡例

一、《吉林全書》（以下簡稱《全書》）旨在全面系統收集整理和保護利用吉林歷史文獻典籍，傳播弘揚吉林歷史文化，推動中華優秀傳統文化傳承發展。

二、《全書》收録文獻地域範圍，首先依據吉林省當前行政區劃，然後上溯至清代吉林將軍、寧古塔將軍所轄區域内的各類文獻。

三、《全書》收録文獻的時間範圍，分爲三個歷史時段，即一九一一年以前，一九一二至一九四九年，一九四九年以後。每個歷史時段的收録原則不同，即一九一一年以前的重要歷史文獻，收集要『全』；一九一二至一九四九年間的重要典籍文獻，收集要『精』；一九四九年以後的著述豐富多彩，收集要『精益求精』。

四、《全書》所收文獻以『吉林』爲核心，着重收録歷代吉林籍作者的代表性著述，流寓吉林的學人著述，以及其他以吉林爲研究對象的專門著述。

五、《全書》立足於已有文獻典籍的梳理、研究，不新編、新著、新創。出版方式是重印、重刻。

六、《全書》按收録文獻内容，分爲著述編、史料編、雜集編和特編四類。

著述編收録吉林籍官員、學者、文人的代表性著作，亦包括非吉林籍人士流寓吉林期間創作的著作。作品主要爲個人文集，如詩集、文集、詞集、書畫集等。

史料編以歷史時間爲軸，收録一九四九年以前的歷史檔案、史料、著述，包含吉林的考古、歷史、地理資料等；收録吉林歷代方志，包括省志、府縣志、專志、鄉村村約、碑銘格言、家訓家譜等。

雜集編收録關於吉林的政治、經濟、文化、教育、社會生活、人物典故、風物人情的著述。

特編收録就吉林特定選題而研究編著的特殊體例形式的著述。重點研究認定『滿鐵』文史研究資料和東北亞各民族不同語言文字的典籍等。關於特殊歷史時期，比如，東北淪陷時期日本人以日文編寫的『滿鐵』資料作爲專題進行研究，以書目形式留存，或進行數字化處理。開展對滿文、蒙古文，高句麗史、渤海史、遼金史的研究，對國外研究東北地區史和高句麗史、渤海史、遼金史的研究成果，先作爲資料留存。

七、《全書》出版形式以影印爲主，影印古籍的字體版式與文獻底本基本保持一致。

八、《全書》整體設計以正十六開開本爲主，對於部分特殊内容，如，考古資料等書籍采用一比一的比例還原呈現。

九、《全書》影印文獻每種均撰寫提要或出版説明，介紹作者生平、文獻内容、版本源流、文獻價值等情況。影印底本原有批校、題跋、印鑒等，均予保留。底本有漫漶不清或缺頁者，酌情予以配補。

十、《全書》所收文獻根據篇幅編排分册，篇幅適中者單獨成册，篇幅較大者分爲序號相連的若干册，篇幅較小者按類型相近或著作歸屬原則數種合編一册。數種文獻合編一册以及一種文獻分成若干册的，頁碼均單排。若一本書中收録兩種及以上的文獻，將設置目録。各册按所在各編下屬細類及全書編目順序編排序號，全書總序號則根據出版時間的先後順序排列。

長白山江岡志略

[清] 劉建封 著

提要

《長白山江岡志略》，宣統元年（一九〇九）鉛印，平裝，一册，一百九十六頁，約六萬五千字。安圖首任知縣劉建封著。《長白山江岡志略》版本較多，主要版本有兩種：一種爲宣統元年（一九〇九）成書的鉛印本，藏于遼寧省圖書館；一種爲宣統元年（一九〇九）財政部印刷局的鉛印本，藏於東北師範大學圖書館。本次收録版本爲藏于遼寧省圖書館的宣統元年成書的鉛印本。《長白山江岡志略》分序言、緣起、長白山記和長白山江岡志略正文四個部分，附有長白山江岡圖和劉建封肖像。全書詳細介紹了長白山地區二百四十多個地名和豐富的動植物資源，爲後人瞭解、研究長白山留下了珍貴的史料。《長白山江岡志略》是清廷派員首次徹底勘察長白山之作，是第一部長白山地志，填補了歷史缺憾。本書内容包括長白山的歷史文化、地理風貌、物産礦産、民間傳説、省界國界、邊疆糾紛等，體例完整。劉建封於光緒三十四年（一九〇八）擔任吉奉勘界委員及添設長白府治安圖調查員期間，歷時四個多月踏遍長白山諸峰、天池、三江之源乃至山山水水纔完成此書，後人把他稱爲『全面科學考察長白山區第一人』。劉建封在書中不僅查清了奉吉兩省的界線，還弄清了鴨緑、圖們和松花三江的源頭，并對長白山地區做了詳細的命名，時值清末日俄向東北擴張之際，劉建封的踏勘及《長白山江岡志略》的成書對抵禦外侮起了一定的積極作用。

爲保持古籍底本的完整性，特將原底本的自署書名頁一并收録。劉建封在自署書名頁上附有『東荒譚餘』字樣，但本書采用之底本有名無文，特留存待考。書後附《長白山靈迹全影》爲宣統三年（一九一一）鉛印本。

爲盡可能保存古籍底本原貌，本書做影印出版，因此，書中個別特定歷史背景下的作者觀點及表述内容，不代表編者的學術觀點和編纂原則。

目録

附東荒譚餘

長白山江岡志略

天池釣叟著

天池釣叟肖像

序言

長白爲

國朝發祥之地又爲鴨綠圖們松花三江之源是以礦產豐饒森林叢密而一切動植各物附屬其中固足顯山川靈秀之奇尤以彰

聖朝之怙冒者遠惟　定鼎以後白山歲時祭祀尊爲神靈而山川形勢雖亦著有成書然作者憑空結想足不蹟長白之巔目不覽江流之派大抵如盲者之論日聾者之說鐘客歲玉與諸城劉君石蓀奉　東三省總督徐公之命踏查白山爲奉吉分界基礎歸呈報告徐公韙之而石蓀又於足跡所經目力所及遂決然有長白山江岡志略之作由是著錄兩閱月都爲十萬言其心力殫而目的遠有非恒人所及知者玉與石蓀厚且爲同時勘界之人故攷定校讎毅然任之書成後略叙巔末附於卷中俾通人流覽知此書取材不尚宏富而訪查詳切指証確鑿洵足爲籌邊者之一助即異時編定

國史彙纂志書亦必於是乎賴蓋名爲志略寔則志詳之嵩矢也故誌之

會勘奉吉邊界委員李廷玉謹序

二

緣起

戊申夏四月。建封寓探訪總局李牧照岱處。適有長白設治張守鳳台李守廷玉之
約。奉
欽差大臣東三省總督徐　委勘奉吉兩省界綫。兼查長白三江之源。遵即會同許府
經中晉吉林委員劉令肇彭帶同測繪五員。隊兵十六名。於五月二十八日。自臨江
東裝就道。同事諸君。共推建封爲領班。建封亦不敢辭。當即同赴岡後。逐處履勘由
山岔子地方北越龍岡。抵花園嶺。詳查地勢。叅以輿論。因與劉令肇彭等面議。此次
同奉
帥諭勘界。理應求一天然界址。方覺不負委任。切勿稍存此疆彼界之心。衆皆韙之。
於是方針已定。西以頭道花園河爲起點。東以紅旗河尾閭爲止點。南至圖頭山。北
至松花江之下兩江口。東西長約六百餘里。南北闊約三百六十里。奉吉兩省以水
爲界。均經分班詳勘。擇其山徑衝要之處。懸書界牌。（以木爲之上書奉吉分界等字）聊盡職務。無一息

者。臨封以爲長白山。原係我
朝發祥之地。圖們鴨綠兩江。又係中韓國界。
朝廷所注意。
督師所留心。國民所關切者。莫重乎此。因告許劉兩員曰。吾輩冒險而來。如不調查詳確。恐負此行。諸君勉旃。由是許劉兩員即以此任付之。建封同赴二道江而去。建封派兵四出。購糧於三百里外。以作入山露宿之計。當是時引路人王鳳鳴等皆以爲難。并云此山與他山不同。山中十日九霧。登而見者。百不獲一。外人來者。皆未得見。往往霧氣迷人。數日難返。否則冰雹驟落。人每受傷。從前來者。均借土人傳言。約略繪圖。曾未有登峯造極。溯流窮源者。建封當即曉以大義。破其拘泥。怒馬當前。逕走木石河邊。墜馬崖下。危而復甦。設帳調養三日。仍令健僕扶持。緩步登山。計入山十日。九日遇雨。而登坡口者四次。臨大池者二次。尋穆石（穆克登所立之石）者一日。尋暖江源者一日。尋松花江源者三日。旋同測繪員劉殿玉調查圖們江。知大浪河。乃其正

二

源。又同測繪員王瑞祥調查葡萄山、聖水渠、小白山、一帶。始將國界地點。了然於胸中。而不能爲傳言所混淆矣。前所作長白三江源流攷、白山穆石辯、中韓國界說、閒島辯。以及森林礦產擬設縣治各篇。已於報告書中詳細呈明。獨於白山之上天池之旁。三岡之重巒疊嶂。三江之支派分流。以及艸木鳥獸沙石蟲魚之類。略而不載。故去冬謁見時。曾蒙

師諭。飭令分類詳註。又兼張李兩守。迭次函催。故不得不勉其所難。縱明知山水布列。頭緒紛繁。文友亦多。莫能參考。以學識之淺陋。率爾操觚。未免爲識者笑。然事歸實錄。字句工拙在所不計。茲特於所見所聞。聊以筆記彙成一編。名曰長白山江岡志略。以東荒譚餘附之。敬呈

憲鑒。加以筆削。致令

龍興重地。著有專書。獻作邠風圖。以補三百餘年之缺典。爲將來修東三省志者之一助。是所默禱。因敘其緣起於此。

奉吉勘界委員選用知縣劉建封謹呈

四

長白山記

長白爲王氣所鍾。襟三江。領三岡。（老嶺龍岡南岡）奇峯十六。名勝百二。崔巍磅礴。蜿蜒於亞西亞東北海隅。爲一絕大名山。於乎盛矣。戊申夏四月。（建封）與李守廷玉等。適奉

欽帥徐公委勘奉吉界綫。五月入山。親率猛士健僕。被襏襫。踏靰鞡。頭籠碧紗。（避小咬）腰繫皮墊。（禦草地寒濕）直抵山巔。登臨天池。徘徊四顧。因有感焉。南望將軍。（一名天山）葡萄。（就南胞胎山而言）諸峯嵯嵯峨峨。斜峙鴨綠圖們兩江之南。其爲朝鮮故址箕子之所遺乎。而其東則布庫里山。（俗名紅土山）下有池曰布爾瑚里。（俗名天池）實天女呑朱果生聖子我朝發祥之始也。西望赫圖阿拉。（興京地方）扶輿靈氣。萃聚於此。

列祖

列宗之流風善政。猶有存者。北俯松花江流域。沃野千里。華韓居者。各安其業。而山林之富。物產之饒。自古稱肅愼粟末靺鞨完顏歷代建國區域。其氣象之雄厚。宛然如昨。又豈西地長安。南朝金陵所可比隆者哉。雖然、有可慮者。東北沿海各州。爲俄割據矣。

庫頁濱海全島被日先占矣。韓人毀我十字界碑。（原立於雷水渠之分水嶺及葡萄山下碑文曰華夏金湯固河山帶礪長十字）竟以穆石（穆克登所立）爲憑。又將圖賴

始祖肇興之地矣。合辦森林。約訂鴨江右岸。（長線自帽兒山東頭道溝至二十四道溝爲止點以上屬鴨江統歸吾國專辦橫線以六十華里爲止點其餘龍岡前後統歸吾國專辦）越界私墾。直赴松江上游。（頭道江二道江均有韓僑）長白山以東。捏名東間島。長白山以西。捏名西間島。更於穆石之旁。私立木標。隱用暗侵手段。察其窺伺之心。直覺得尺則尺。得寸則寸。苟有利於彼國。即鷄鳴狗盜。無不爲也。若是則長白山一帶地方危矣哉。且夫邊患之起。不自今始。而其實發端于長白山東南半壁之無人煙。倘使鴨圖兩江。以上添設江巡。則國界可守也。左右兩岡之木。變爲官有。則林業可保也。設官治民。平時加以教練。則農即兵也。造舟爲梁。貿易便于交通。則商必興也。苟得其人極力籌畫。則生聚十年。訓練十年。吾知日韓不敢北下而牧馬。俄占自將完璧以還我。是吾

國創業之始。始于長白。中興之基。又基于長白也。長白山爲南北滿政治之關鍵。蓋可

忽。乎。哉。

奉吉勘界員知縣劉建封謹識

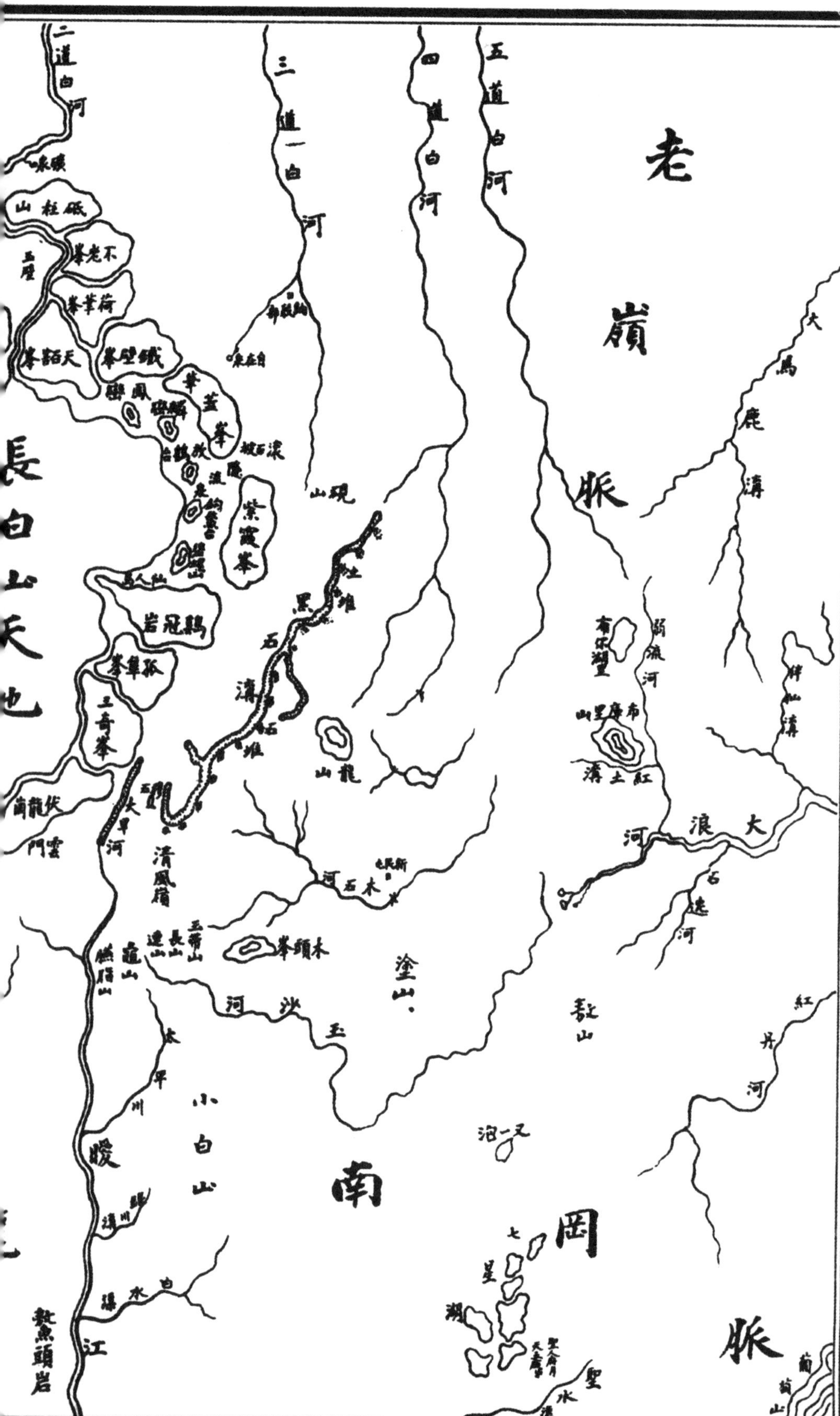

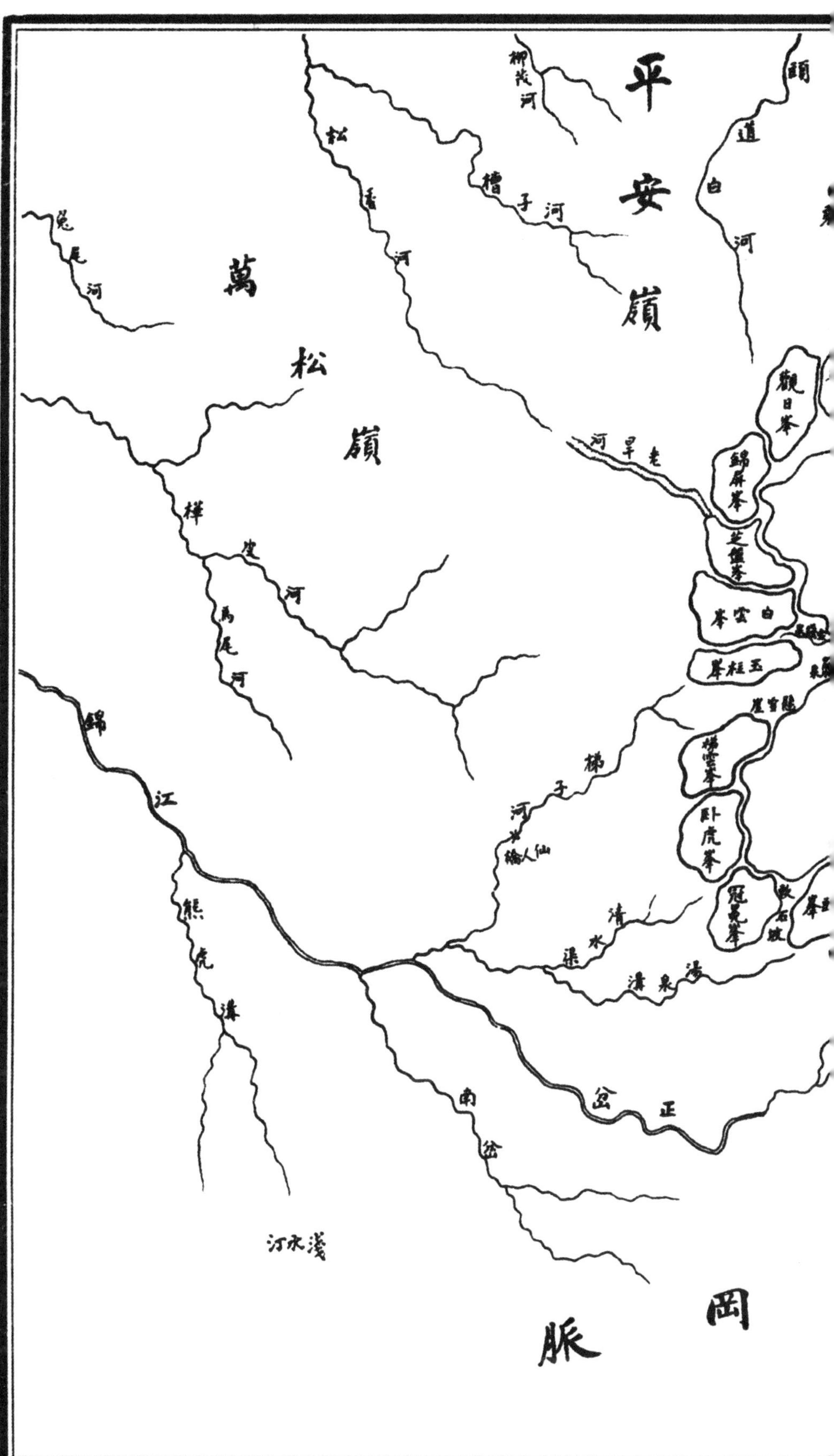
平安嶺
萬松嶺
柳茂河
松香河
槽子河
道白河
兎尾河
樺皮河
馬尾河
錦江
熊虎溝
梯子河
清水渠
湯泉溝
正岔
南岔
淺水汀
觀日峯
錦屏峯
芝盤峯
白雲峯
玉柱峯
梯雲峯
臥虎峯
冠冕峯
岡
脈

長白山。古不咸山也。帝舜時爲息愼氏所居(息愼即肅愼國)唐人名爲徒太山。(劉仁軌曾至此)亦名爲保太白山。五代時名爲太白山。又名大白山。土人名爲老白山。遼志及金史始名爲長白山。因遼設長白部。在山之陽故也。山上土少沙多。海浮石居其半。(石輕如粉故名之)樹木不生。冬夏積雪。四時望之色白異常。故名曰長白。中有天池。環池多奇峰。大者有六。曰白雲。曰冠冕。曰白頭。曰三奇。曰天豁。曰芝盤。小者有十。曰玉柱。曰梯雲。曰臥虎。曰孤隼。曰紫霞。曰華蓋。曰鐵壁。曰龍門。曰觀日。曰錦屏。又有伏龍岡。雞冠岩。汨石坡。懸雪崖。軟石崖。四圍環繞。池之左右有三泉。曰金綫。曰玉漿。曰隱流。池之東北有三山。曰麟巒。曰鳳巒。曰碧螺。更有釣鰲、放鶴雙台。松甸、艸塘一處。偶值天朗氣清。臨池一觀。怪石壁立。絢爛照人。其氣象之雄厚。山勢之崢嶸。實爲遼東半島第一名山。我
朝發祥之主峰也。自麓至巔高約三十六里。周約二百四十里。

相傳古時長白山中峰。石黑而高。夜間飛入東海。今海內之鐵山。即此山云。

泰西人云。遼東之長白山。係火山被焚而陷者。否則池深爲潭。石輕如粉。水無萍。山

無木果何爲者。

土人云。長白山爲水懸山。不獨中有天池。即羣峰下皆水。山浮水上。每至五百年山即搖動一次。聞而見者有之。

又云、崑崙山有南北中三大榦脈。盤踞亞東地方。長白山乃其北榦之主峯。故亦有三大岡。綿延于東北海外。

又云、山產大頭鳥。嘴短毛白。身長三寸。惟頭大於身。飛落石上。每見其首不見其尾。

又云十數年前有獵者在山後蹤跡一獸。狀如豕。前身白後身黑。首尾甚小。身長六尺餘。寬丈餘。毛軟如綿。而煖人。皆呼爲橫寬獸。

又云、山產四翼鳥。頭圓尾細。前兩翼長。後兩翼短。淡黃色。形同蛺蝶。聲似黃鸝。人有見其雌雄雙飛者。

又云、山產三足獸。形如狸。前二足。後一足。行即跳躍。善食倒根艸。然亦不恒見耳。

又云、山溝有水處產雙脊魚。色紫無鱗。其背雙脊。尾亦雙尖。偶一得之。味苦不能食。

二

又云、山産銀貂。毛純白。長三寸餘。煖勝紫貂。獵者每終身不一見。

又云數年前有山東五蓮山僧人登白山。露宿山中。時值三月上弦。風寒徹骨。夜不成寐。起視黑暗異常。自念入定匪易。徒自苦無益。不如仍回故寺。籌思再四。心力俱疲。復仰臥欲睡。忽見紅日東升。彷彿有人出沒其間。疑之。竊窺變態。少焉日上三竿。其東南一隅。樓台綿亘。街巷宏敞。長數十里。兩旁楡柳。大者數圍。行人游覽。絡繹不絕。到處炊煙縷縷。若都邑然。中有孤塔。嵯峨高萬仞。直插雲霄。仰視不見其頂。層級莫可枚舉。惟第十數層上。飛鵰起落。不下萬千。塔下多獅象鹿熊。往來緩緩。與人無爭。俄聞歌聲四起。響韻天然。若琴若瑟。若簫管若箏琵。其音清越宜人。似今樂似古樂。實爲近世所罕聞。未幾礮聲震耳。景殊人渺。惟孤塔依稀。尚有遺迹。半鐘許天黑如前。一物無所見。正駭疑間。東方既白。臆有一山濯濯而已。歸以告人。衆以爲山市云。

按山多尾鼠。身長四寸。足走如飛。惟尾長於身數寸。

按山産四墜花。木本葉碧莖紅。高不盈尺。每至六月始開白花。四墜若燈籠形。依雪生者尤佳。他處無之。

按山多小赤松。一名矮松木本。葉青枝紫。枝頭結子。色赤。香出纍纍。始終不見下垂。高者八九寸。

按山産倒根艸。花如紅蓼。叢生不蔓不枝。而根獨倒長。專治痢疾。他處未有。

按山産紅葉花。木本高五六寸許。葉如黄楊。形似棠花。其枝頭紅葉層層如花朶。故名爲紅葉花。

按山上奇花異艸。多不識名。惟黄紫白三色特多。但高者亦不過尺餘。

按山産夜光石。白色有銀絲。體輕能浮水面。夜間擲地有火光。淡藍色。明如曉星。故名之。余此次自天池拾得一塊。數日後光微暗。不甚明亮。用水浸之。光如初。

按山産赭石。古人云、上有赭石。下有黄金。想此山中必有金礦。特無人探採。爲可惜耳。

按山產黑精石。光潤堅潔。大者如車輪。惟中有石隔。不能作眼鏡。長於化學者。盡取而攷驗之。

按山雲突起如蓋。春夏多雨。秋冬多雪。每至累月不開。入山者皆患雲霧漠天。三步外不能見人。往往迷失路徑。致數日夜不得返。故近山居之獵戶。登者百不獲一。

按長白山脈出自東北海隅。由通肯山蜿蜒千餘里而來。曰老嶺。其中幹爲合歡山。爲大積稽垜山。南行爲孝子山。爲義士阜。折而西爲龍洲。又西南爲長嶺。爲列宿泊。又南爲玉帶山。爲長山。爲連山。折而北爲富春阜。爲淸風嶺。灣而東北。爲鷄冠岩。揷入天池。是爲長白山。連山之西南麓。向南偏東。復起一岡。曰南崗。爲臙脂山。爲小白山。爲七星湖。爲葡萄山。南行直入朝鮮界內。自伏龍岡向西南。三起三伏。折而西北。曰龍崗。自玉柱峰後。向西北。又起一岡。曰萬松嶺。自仙阜之北。又起一崗。曰平安嶺。餘則重巒疊嶂。百派分流。尤屬可觀。支幹起落詳述于後

按形勢觀之。東有土門。西有鴨綠。兩江分入于海。寔爲朝鮮之管鑰。

按地理論之。東北連于完達山爲左輔。西南接于千山爲右弼。大興安嶺乃其後盾。實爲奉吉江三省之一大門戶。

按大清一統志。康熙十七年。及二十三年。曾派大臣登長白山。視其形勢。其山巔爲圓形。積雪皚然。其上五峰環峙如城。南一峰稍下如門。其中有潭。周圍凡一里。山之四圍。百泉奔注。即三大江之所發源。查山巔圓形。是就南坡口半面觀之。（山東北西南長形故名爲長白）積雪皚然。是四時雪積累年不消之故。其上五峰環峙如城。是立南坡口上。只見五峰。而未臨天池之故。（山大小十六峰）南一峰稍下如門。是指欹石崖而言。（俗名南坡口）其中有潭。周圍凡一里。是風影之談。原無足據。山之四圍。百泉奔注。即三江之源。是含混之詞。未經詳細踏勘也。若此者、亦無足恠也。何者、登白山而不知白山之高。臨天池而不知天池之深。人皆以爲妄。非妄也。未之見也。蓋當日調查長白者。實因山中霧氣過重。而不得見耳。卽偶一見之。亦不過窺其一斑。而未得窺全豹云。

按俄人威尼古氏之說。松花鴨綠圖們三江之源。實近長白山至高之峯頂。此無稽之談。原不足據。

按日本報告書云。三江源在特別高峻尖峰。其峰頂爲平坦高原。此言尤屬荒謬。

按長白山朝鮮呼爲白頭山。誠以韓人自南來。先見白頭峰。猶之自北來者。先見白雲峰。自東來者。先見天豁峰耳。

按地勢攷之。長白在遼東山嶺中之最高峰。若山之白雲峰。較之大興安嶺之高峰。實有過之無不及。無如中外各國到者甚少。即有到者。如光緒元年英員陸某德員古某。三十年俄員依萬諾夫。三十一年日員松嶺天。三十二年日員依田正忠及測量師平安之助。直井武。又有竹島音次郎等。露宿多日。每因雨霧雪雹。終未得至其山巔。至中國康熙十三年吳木訥。五十一年穆克登。以及光緒十一年吉林所派之秦瑛等。三十四年延吉邊防局所派各員。均未敢親臨天池。是以終未能測量夫山高低耳。

按地脈與人身氣脈一理。山爲地之骨。水爲地之血。土爲地之肉。艸木爲地之毛髮。礦物爲地之臓腑。故山上有水。如骨上生血同。水中有山。如血中藏骨同。誠以地脈相連。山水不能間斷。猶之人身氣脈。骨與血皆痛癢相關也。我
世祖以爲泰山之龍。發脈長白。實因地脈相通。海水不能間隔也。彼地理家傳於汇。放於海之說。不爲無因。就地之過峽界水論之。渤海爲泰山之一大過峽。信然。

按亞西亞洲有三大雪山。中領曰鷄眉山。曰長白山。日領曰富市山。至他處雖有積雪之山。而高度遜之。

按亞西亞東部有兩大山脈。一長白山山脈。一外興安嶺山脈。外興安嶺山脈。蔓延於蒙古滿洲及俄領後貝加爾亞黑爾亞古德沿海各州。自西南達於東北。長約五千餘里。爲注入北冰洋諸河。及屬東太平洋河流之分水嶺。長白山山脈綿亘於沿海州琿春吉林奉天及金州半島。自東北達乎西南。長約三千六百餘里。爲注入黃海日本海大遼河松花江及鴨綠圖們兩江之分水嶺。外興安嶺高度。合日本二千

尺至三千尺。而達于雪綫。長白山高度。約合日本一萬尺至一萬一千尺之數。雪綫能達與否。尚未敢定。然就高度衡之。亦必能達於雪綫。

按亞西亞東部之寒度論之。外興安嶺有亘古不消之冰田。長白山有千年未釋之雪阜。兩山脈之寒度。均達乎極點。

按山脈之形象論之。長白山脈。實為東北海之內羅城。外興安嶺脈。乃其外羅城也。

按中國圖志。五嶽四瀆。尚屬詳明。獨於長白山三江源流。略而不詳。誠由於大荒之外。不易履勘。又兼周宋以來。圖學不講。繪無用之山水人物。精益求精。非自命為摩詰復生。即自負為襄陽再世。誤用聰明於錦羅雲箋之上。而於
國家版圖。毫無研究。每致詢及本國土域。四圍界綫。則茫然莫荅。即偶有一二測繪。既無理想。又無實學。更少探險資格。地輿之方向位置。不求深解。往往顛倒錯亂。致有南胡北越。西晉東秦之謬。此所謂畫虎成狗也。今觀東三省全圖。則益信矣。

余有游山癖。每遇名山。必登高涉險。儘意游覽而後已。今奉

東三省總督徐　委勘長白山一帶。奉吉兩省界綫。因公而來。倍加注意。無如山中多霧。九陰一晴。登山者每有百不一見之憾。又兼無木難爨。不能露宿。其露宿處。距山較遠。往返終日。人皆難之。故周有二百餘里。既無遺蹟。又無名稱。其爲人迹所罕到。抑何足恠。余入山十日。九日遇雨。其間晴有一日。晴而陰。陰而晴者有五日。因於足跡所到。目力所及之地。相形命名。隨時筆記。以致樂而忘疲。雖事後回想。不無可愳。然佳山水皆自危險處得來。不入其中。難得其趣。則又幸矣。白山紀詠此次調查長白所作有云。遼東第一佳山水。留到於今我命名。又云。十日登山九日雨。踏殘靰鞡以皮爲之可禦寒濕兩三雙。又云、十六峯頭如不見。白山濯濯似牛山。

天池、在長白山巔。爲中心點。羣峯環抱。離地高約二十餘里。故名爲天池。西南東北長約二十九里。横分三段。北段寬約二十里。中段實約十里。南段寬約十三里。周約七十餘里。韓人以爲六十里。日人以爲八十里。均就水面之大概言之。池形如蓮葉初出水狀。三面壅注不流。惟北偏東一隅。水溢流如綫。爲乘槎河。實松花江之正源頭

十

道白河出北麓。三道白河、黑石溝、出東北麓。均入之。俗名松花二道江。錦江三岔出南麓。梯河瀑布出西麓。湯泉溝、淸水渠、出西南麓。樺皮河、馬尾河、兎尾河、松香河、槽子河、城場河、大蒲咔河、小蒲咔河、柳茂河、均出西北麓。入松花頭道江。暖江（鴨綠江源）太平川（入鴨江）出南麓。木石河出東南麓。大浪河（土門江源）石逸河、出南岡。諸水之源流大小不等。而其實皆池水所貫注者也。池之中水性甘冽。碧淨無塵。冬不結凍。夏不泮萍。池之旁白雪赤松隱泉怪石。四墜花（木本）高不盈尺。倒根艸（艸本）秀少雙歧。餘則蒼苔白苔。互相掩映而已。平日煙雲繚繞。累月不開。抑或乍陰乍晴。若隱若見。至貝風風突起。暴雨猝至。沙石飛騰。冰雹驟落。乃其恒也。臨池上下。陡險異常。遇有大霧。入者每不得出。實爲人迹所罕到。故池上至今無遺蹟云。

土人云、池水平日不見漲落。每至七日一潮。意其與海水相呼吸。故又名海眼。

又云、池水淸淺處。可以行人。數年前有獵夫自碧螺山下。渡至補天石旁。其中有熱如湯泉。冷如冰海之處。五步外即深不可測。以足試之。滑膩異常。故又名溫凉泊。

又云、十數年前。有獵者四人至釣鰲台。見芝盤峰下。自池中有物出水。金黃色。首大如盎。方頂有角。長項多鬚。低頭搖動。如吸水狀。衆恐。登坡至半。忽聞轟隆一聲。回顧不見。均以爲龍。故又名爲龍潭。

又云、池中雷聲時作。音同礮彈。百里外猶聞其聲。俗呼爲龍宮演操。

又云、平時水聲澎湃。響如鳴金戞玉。俗呼爲龍宮鼓樂。

又云、每至夏日。羣鹿往來池中。飲水洗角。或云池邊多堿。鹿喜食堿。來尋至此。故汨石坡梯雲峰兩處多鹿踪。近山居之獵戶。偶於夏日。或聚集五六人十數人。緹衣韎韐。睢盱拔扈。持鎗伏于坡口。俟其出而擊之。俗稱爲杜坡口。

又云、每年三月間。陡有黑雲自西北來。大雨雹。至天池不見。閱數日。忽由池中突起五色雲。向東南而去。惟黑白兩色居後。迨十數日。見雲自東南飛來。仍入池內。而黑雲不在其中。相傳黑龍江龍王。會同天池龍王。朝宗東海云。

又云、前有道人登白山。由懸雪崖下臨天池。見有倒鱗魚數尾。赤白色。躍于池中。涉波捕之。得其一。放置玉漿泉。仍向前捕。失足墮池中。石滑不得上。伏石而下、約百餘丈。忽而蟲立。石層如梯。道人疑其入水不沒。不妨下梯以觀其異。手扶梯下六丈許、左右多洞。周視洞口。方圓大小不一式。皆有石牀居中。惟左一闊洞。牀上有一老人仰臥。鼾聲如雷。不敢前。退趨石梯。跋磴奔波。如登天。然百步外回顧洞口。五色射眼。亘浪滔天。心愈恐。而力不能支。伏徑少歇。恍惚若睡。覺身如萍梗。隨水盪漾。莫知所之。醒時開目視之。見二獵夫立其側。身已在乘槎河上。蓋獵者見池內一人浮水而來。蒠自西坡口渡東坡口者。道人歷言其事。始悟爲龍所居。次晨偕獵夫往玉漿泉觀魚。至時見魚猶跳躍。以手捕之。竟入泉中不見。

按池水四圍。白沙環繞、縐紋如綫。初臨天池。（戊申六月廿八日）天氣忽陰忽晴。始聞雷聲。繼聞鼓聲。霎時霧起。眼前一物無所見。少焉雨止天晴。池中西南一帶。全形畢露。因致祭焉。白山紀詠有云。願看白山眞面目。乞晴還得拜龍君。

按池水西南深於東北。七月七日余再到天池。（此次由汨石坡而下）天氣清明。近視之水澄清如鏡。遠視之池中五色燦爛。現象不一。如云峰石印入。何以近視不見。如云山雲掩映。何以晴時不變。蓋靈秀所鍾。無美不備。其爲地氣之蒸騰。理猶近之。

按八旗通志。長白山高二百餘里。（就地勢而言）綿亘千餘里。（就通肯山至小白臨脂各山而言）雄觀險極。扶輿靈氣所鍾。山之上有潭。曰闥門。（就乘槎河自天池出水而言）周八十餘里。（就大概而言）源深流廣。鴨綠混同愛滹出焉。（愛滹即曖江爲鴨綠之源是一江也混同係指松花二道江而言）

據引路人徐永順云、光緒廿九年五月。其弟復順隨王讓俞福等六人。在汨石坡下杜坡口。忽見兩鹿登坡。俞放鎗擊之。兩鹿下坡入池。六人尾追扶石下。王鎗斃其一。其一入池不見。六人得茸甚喜。王欲抽取鹿筋。方操刀剖割。俄而大霧從池中陡起。六人對面不相見。候兩鐘餘。霧不散。跪祝乞晴。而天黑如故。王擬棄鹿返。五人曰不可。坡石汨動。往往傷人。如此黑暗。尋亦不易。烏敢行。王曰吾等靜候可也。六人坐臥池邊。至夜半。寒風透骨。餓不能寐。共餐餘糧而盡。未幾天微明。而霧仍如故。坐候數刻。霪雨飛落。濕透衣襟。兼之腹飢難忍。俞曰、將若何。王曰、食鹿肉。飲鹿血。亦可療飢。

衆皆割肉而食。復順不能下咽。拋而棄之。霎時雷雨交加。衆皆哭不成聲。旋又入夜。見池中三五明星。忽起忽落。倏而潑刺一聲。自空中落一火球。大如輪。水面萬千燈火。直同白晝。復順曰、可以行矣。王與余曰、禁多言。少焉礮聲轟隆。宛如霹靂。波浪湧起。直衝斗牛。六人戰栗不敢動。無何風平浪息。池內亭台高聳。插入雲霄。俄聞空中謳歌。餘音嫋嫋。忽而鼓吹大作。樂殿光明。四圍洞徹。狀如水晶。陳設古雅非凡。男女往來上下。指不勝屈。惟身軀皆在九尺以上。不似平人。方驚疑間。適來一物。大如水牛。吼聲震耳。狀欲撲人。衆僉愳。相對失色。束手無策。愈急取鎗擊放。機停火滅。物目耽耽。勢將噬愈。復順腰携六輪小鎗。暗取放之。中物腹。咆哮長鳴。伏入池中。半鐘餘。雹落如雨。大者寸許。六人各避石下。愈與復順頭顱血出。用濕衣裹之。池內重霧如前。毫無所見。又兩鐘餘。東方曉亮。雲淡風清。微露峯尖。六人匍匐尋坡。上至葡萄山前高麗窩棚。病臥十餘日。愈與復順傷始痊。鎗彈鹿茸各件。遺失無存。至今不敢再入天池。徐永順言之鑿鑿。故誌之。白山紀詠有云、欲到天池先患霧。入時不易出尤難。

白雲峰、長白山主峰也。在天池西稍北。圓而高大。臨池聳立。崔巍磅礴。望之直挿星漢。雲觸石而出。多白色。天晴時。羣峯畢露。獨此峰煙霧繚繞。或終日不散。峯頂氣勢雄壯。崇山隱天。石玲瓏若雲窟。他峯遜之。自池至巔約有十二里。相傳前有人迷入峯巔。見石白異常。其涼徹骨。用巾裹零星小塊。携歸示衆。皆疑爲冰片。試之、果然。後再尋之。則雲深不知處矣。

按長白山此峯最高。由岡後東上二百里外即見此峰。白雲遮繞。乃其常也。白山紀咏有云。看罷歸來回首顧。白山依舊白雲封。

冠冕峯、在天池南偏西。重巒疊嶂。氣象端嚴。望之有冠冕形。故名之。由池至巔。約十一里餘。

土人云、峯下四時積雪。高十餘丈。俗名雪山。下有冰穴數處。每見穴中炊煙如縷。或疑爲仙人煉丹于此。

白頭峯、在天池南稍東。山豐隆高起。上有孤石獨峙。形如佛頂。朝鮮名爲白頭山。以其形相似也。峯下嵴壁嶙峋。伏視天池。近若咫尺。洵巨觀也。由池至巔。約十一里餘。

余自雲門扶石而上。被雨阻。未臻絕頂。至今言之。猶以爲憾。

三奇峯、在天池東。三峯比立。石峙琳琅。影印天池。其秀色可掬。彷佛海上三山。留在人間。峯下多五色石。鮮妍光潤。令人可愛。登山者每拾赤黑黃各種。置之案上。朝夕作供。其生機勃勃。頗有異趣。黑者尤佳。由池至巔。約十一里餘。

天豁峯、在天池北偏東。峯起雙尖。中闢一綫。有豁然開朗。令人不可思議之趣。前面向天池。土色黃。望之如二龍蟠踞。頂上峯後石多赤色。亦頗耐觀。每至冬日。雪凝峯間。直同白虹插入天漢。尤覺十分出色。由池至巔。約九里有奇。

相傳山縫爲大禹治水時所劈。

土人云、峯頂夾縫中。隱有洞口數處。登山者往往見有蟒蛇出沒其間。

芝盤峰、在天池西偏北。南距白雲峯。約有五里。中間隔一仙臯峰。頂有一舺甸。形圓如

十八

盤。每至嚴冬。他峯雪積如山。惟此峰獨露其頂。由池至巔。約十一里餘。

土人云、頂峯產芝艸。鹿多居之峰高而險為人所罕到常見鵲雀雕燕。不時飛落其上云。

玉柱峰、東北距白雲峯二里。狀如玉柱。實爲主峰之輔弼。峯聳起而秀。形勢突兀。高不可攀。過者無不仰視。東麓瀉出一水。懸流如綫。下入天池。即金綫泉也。由池至巔。約有九里。

土人云、峯北麓坡度稍緩。前有獵者數人杜西坡口。見花鹿四隻。其項有挂金牌者。有挂銀牌者。用鎗擊之。鹿環玉柱而走。衆隨之。將近峰頂。倐忽不見。而煙霧陡起。莫辨東西。衆繞峰轉走。兩日夜始得返。蓋俗稱挂牌之鹿。皆受封者。壽已數百年矣。名爲仙鹿。未可擊也。

梯雲峰、北距玉柱峯二里。峯脊出梯河瀑布。積雪亦多。由池至巔。約有七里。

臥虎峰、北距梯雲峰里餘。臨池多虎踪。人不易行。峯後起一小岡。積雪累年不消。前有虎徑。斜長五里餘。由池至巔。約有七里。

孤隼峰、南距三奇峯半里餘。峰頂尖秀峭古。向西南斜而有力。形同孤隼。層山之中。特樹一幟。令人望之而生獨立思想。由池至巔。約七里有奇。

紫霞峰、南連孤隼。沙土紫色。石參差錯落。頗有生氣。每至天暮。池中出雲。纏聯峰頂。如絲如縷。其糾纏之狀。宛然天半朱霞。長留此間。西接鷄冠岩。懸崖絕壁。星垣睥睨。尤爲出色。由池至巔。約八里有奇。

相傳峰產寶石。遙望之光如明星。

華蓋峰、南接紫霞峰二里餘。山形如蓋。其出雲還雲。狀亦如蓋。每至春冬。常見五色雲遮掩頂上。即風雪交加。亦不散去。由池至巔。約有八里。

鐵壁峰、西南與華蓋峰相連。土色黑。狀若鐵壁。由池至巔。約七里餘。

相傳有人採藥至此。忽見峰上懸燈結采。金碧輝煌。中間懸朱字無數。多不能識。惟福壽字。不篆不隸。形似鳥蟲。尚可辨。歸語人。皆以爲誕。再往始終不見。

龍門峰、在乘槎河西。與天豁峰對峙而低。池水溢流而出。狀若門形。故號曰龍門。由池至巔。約有七里。

世傳大禹治水。曾至峰上。旁有一石。上似蝌蚪字形。人目之爲神碑。今已模糊難辨。

土人云、數年前有人至峰。前見魚數尾。紅黃色。跳躍乘槎河上。以石擊之。霎時狂風大作。白雨暴落。連聲霹靂。而魚亦逝。

觀日峰、東接龍門三里餘。峰起一尖。登而望之。海闊天空。可以觀日出日入。由池至巔。約八里。

土人云、每年三月三日夜半時分。一遇天晴。見日如紅球。自海中出。出時三起三落。而水之波翻浪湧。忽上忽下。歷歷在目。尤足令觀者移情海上。

錦屏峰、在芝盤觀日兩峰之間。宛如屏風。獵者因其形若城垣。又呼爲城墻磖子。由池至巔。約八里有奇。

相傳女眞國王夜半聞白山崩裂。命人往視。至時積雪滿山。不易登。候月餘。自山

二十

右上。他峰毫無形迹。惟此峯後見一巨窪。大約六十餘圍。試之堅不可破。因名爲窪山。聞

國初尚有遺痕。今則見有白雪一堆而已。

乘槎河、水自天池瀉出天豁龍門兩峯之間。波浪汩汩。形同白練。卽嚴冬不凍。下流五里。飛泉挂壁。宛成瀑布。聲聞十里外。俗名弔水湖。北流二十五里。名二道白河。實松花江之正源也。

小白山獵戶、徐某、十數年前。曾見河邊有一獨木舟。（俗名衛護）橫于東岸。余尋松花江源。至不老峯下。猶見河上斜置一木。不似舟形。按此處樹木不生。人迹罕到。一木自何而來。令人莫解。

鷄冠岩、在孤隼紫霞兩峯之間。石土多黃赤黑色。危崖高聳。起伏爭妍。斜插天池中。形同鷄冠。俯池飲水。生機活潑。出自天然。但異常陡險。人不能登耳。東西長約八里。寬約半里。高約六里。

按鷄冠岩是結長白山之來脈

伏龍岡、在白頭三奇兩峰之間西南高起如龍首石多五色燦爛可觀平時池水逐石鼕鼕之聲聞十餘里所謂洞天福地者此也岡項平坦花艸繁盛與他處不同西南東北長約六里高約七里

相傳岡下池內多石洞爲龍所居傳曰深山大澤寔出龍蛇信然

按龍岡脈發端於此

按岡西南廿餘里俗呼爲雙龍尾嶺周長白山前後百卉葱蘢莫過于此一望而知爲龍岡之起點白山紀咏有云閒花點點繞龍尾野艸深深打馬頭雙龍尾前新闢羊腸艸道可達

仙皐、在白雲芝盤兩峰之間中間高起一皐故名爲仙皐長約四里高約六里娘娘庫地方能行人馬花艸繁衍雲巒突兀眞可謂山川靈秀之氣所結而成也

馬尾河獵夫王某云秋日天晴時常見數人把酒皐上吟咏談笑之聲隔岸猶聞及赴皐前倏忽不見

廿二

又云、月夜三更時分。往往見阜上無數火球。起落高下不一。狀人皆以爲神仙丹術。吐訥秘訣。借此阜爲試驗場耳。

戊申四月。余與李石臣太守李擇臣大令過棚條邊門。夜半見火球於嶺上。在臨江於重陽夜。同史育廷別駕見火球于鴨綠左岸。猶憶三十一年八月在海龍郡署同族兄鶴峰見火球于署後之九龍口。僕役驚疑。以爲罕見。眞可謂少見多怪矣。

懸雪崖、在玉柱梯雲兩峰之間。俗名西坡口。崖多海浮石。滑軟異常。坡度急處。積雪丈餘。長約十數丈。累年不消。故名之。崖高五里。寬二里。坡七十五度。

聞中外各國登白山者。半由汨石坡軟石崖兩處而上。曾未有到此崖者。蓋引路人不知故也。余此次登山。五道坡口、惟軟石崖被雨阻。未臻絕頂。餘則皆到。如下臨天池。以此崖較易。但浮石碎而柔滑。自池至崖。每有進三步退兩步之艱。池邊眺望。只見峯頭十二。若芝盤、紫霞、觀日、錦屏、四峰。未易窺其項背耳。戊申六月二十八日午後兩鐘

崖上暑表四十度。池中六十二度。白山紀咏有云。雪崖上下五華里。暑度居然廿二

差。

軟石崖、在白頭冠冕兩峯之間。俗名南坡口。崖峻而險。沙石軟如麵粉。高六里。寬二里。坡約八十度。

相傳 國初有人至崖上。聞崖中斧鋸聲甚厲。若興土木者。側耳靜聽。聞人言明晨大王來此驗工。汝等速修造。否恐受責。汝等未聞北閣誤工洪十被責之事乎。衆應聲若雷。心驚疑念此處絕無人煙。安得匠作。拾巨石拋池內。聲遂寂。歸言其異。適有鄰人云。前數日高麗木把洪十。夢誤修龍宮見責。臂生疽。今始愈。或即此歟。

汨石坡、在紫霞華蓋兩峯之間。俗名東北坡口。石分五色。黑者明如墨精。惟光不透水。大者合抱。小者盈握。他色不甚光潤。石懸坡而動。遇有大風。石即轉移。峻巇崎嶇。行者無不畏其陡險。中間有黃土一段。約十數步。滑不能履。坡高有五里。寬約半里餘。余由汨石坡。再臨天池。險危異常。手攀石。足試石。探之不轉而後下。否即不敢躋。上坡時。僕王樦在前。腰中繫帶。垂其兩端。手足匍匐而進。余一手握帶。一手扶石。後有隊兵蘇得勝用手扶持。而始得前。兵僕各受石傷數處。計下時休息十九次。上時休息五十二次。自瀋陽至長白山東之紅旗河。往返數千里。其艱險未有如此之甚者。臨池四顧。惟白頭三奇玉柱孤隼四峯不得見。冠冕峰猶能窺其半面。實爲白雲峰雞冠崖所隔耳。但自下此坡。庶覺此游不負。否則白山之上。天池之旁。二台三山。隱泉恠石。豹崖仙臯。花甸艸塘。皆湮沒不彰。云計巳時下坡臨池。申刻上坡。池內雲霧突起。兩步外不能見人。引路人徐永順嘆曰、此時如在池邊。吾輩想出天池難矣。中外各國來者不少。曾未聞有一人敢下臨天池者。職此故也。余與兵僕等始信其言之不謬。坡上暑表三十五度。池邊六十度。

碧螺山、又名小蓬萊。在雞冠崖下。天池之東。山多五色石、四墜花。每當曉日初升。夕陽晚照。其雄虹萬丈。瑞靄千層。出沒隱見。映出山尖。遠望之若碧螺云。高約里餘。

釣鰲台、在天池東北岸。東距汨石坡半里餘。頂平、高起如台。碎石頗多。高七丈餘。相傳前有獵者數人到汨石坡。見一叟持竿釣于台上。呼之不應。衆疑其非人。一獵夫下披靦之。至台上見叟科頭赤足。披樺皮襲。金鈎大如弓。籃中一無所有。揖而問之。亦不答。少焉把竿提籃。順池邊逕赴仙人島而去。獵者候至日夕。終未見其出云。

按台上有一石堆。相傳女眞國王登白山祭天池。曾築石於台上。故至今尚有遺蹟。

按台前後。產青苔白苔。同生一處。而兩色各成一片。不相混雜。亦奇觀也。

余登台思釣。遇風有感。白山紀咏有云。一線情長何日了。半天風起與心違。

放鶴台、南距釣鰲台六十餘步。台上每有白鶴飛落。日夕尤多。臨池沙灘。約有數里。尤明如鏡。眞仙境也。台高五丈餘。

余帶鄉導與兵僕三名。遨遊於二台之上。把酒同斟。烹茶分飲。時當日午。登台四顧。則見山明如畫。水碧無塵。海燕雙飛。金鷄對舞。（金鷄海燕他處未有）碧螺山雄峙西南。隱流泉綫懸東北。薰風吹我。萬籟齊鳴。池水生波。錦紋畢露。偶見鹿遊溪畔。與世無爭。忽聽鶴唳雲霄。有聲皆韵。問誰築室山頭。大闢五千年蓬萊仙境。使我游艇水面。創成四百兆華國公園。蓋天池之旁。向無人跡。今見二台三山名勝若此。庶覽盡東北海外

廿六

之大觀而無憾。故誌之。白山紀詠有云。信是天池名勝地。兩台看罷看三山。

麟巒、在天池東北鐵壁峰下。高約半里。

鳳巒、東距麟巒半里許。上多沙石。高半里。

補天石、在龍門峰東。天池出水之處。石半居水中。半居峯上。特起而高。窺其形勢。杜池水口。作中流砥柱。亦似有補天池缺陷之象。故名之。石出水面高約七丈餘。

牛郎渡、在乘槎河口。一石斜橫如小橋。水流石上。高石尺餘。往來可以渡人。故名之。

支機石、在鷄冠岩下。五色玲瓏。光芒射眼。時有黃雲圍繞其上。故名之。

金綫泉、源出玉柱峰東。流入天池。斜亜如綫。近視之。水露金星。秋冬雪掩無痕。夏日盤旋有情。令人可羨。水綫長約五里餘。

相傳泉中有雙蛇。生翼能飛。每一出。天降大雨。故至今有飛蛇出天必雨之謠。白山紀咏有云。白山遇夏時多雨。想必雙蛇日日飛。蓋破其迷信也。

玉漿泉、西南距天池六步餘。流入天池。水淨沙明。淸濂可悅。故名之。

余初飲天池繼嘗泉水其味甘潔相等白山紀咏有云諸君若到天池上須把銀壺灌玉漿即指此泉言之

仙人島在鷄冠岩北長三里寬里餘相傳乾隆初年朝鮮有一樵者入硯山採藥聞牛鳴仰視一叟騎牛自黑石河左岸驅而過後隨六七人各負箱籠爭往白山似赴市者心疑之念近中無此市廛尾隨以覘其異無何至汨石坡口見鷄冠岩下綿亘六七里宛然城郭老幼男女負者擔者騎者乘者紛至沓來絡繹不絶樵夫下坡入市歷城門循街衢進兩邊多板舍皆空惟茶園酒肆貨店戲場珍奇羅布焕若崑崙其樓台連亘朱堂華闕迥異尋常忽而雷雨大作男女各分蔽板舍少焉天晴市人擁擠爭赴西門樵夫從行二里許見城外湖水盪漾畫舫漁舟不下千百岸旁肆中陳列多菱角蓮子鷄頭米果品不一物購食之味清馥餘納諸懷喜而登舟過水心亭閱臨池閣憑欄遠眺水天一色花雪比隣儼然别有天地未幾夕陽在山人影散亂樵夫下舟登岸尋古道返奔坡上

廿八

至避風石前。坐而少歇。回顧岩前。惟有煙雲繚繞而已。手探懷中。蓮子數枚尚在。歸以示衆人。以爲仙市云。

向陽艸塘、在錦屏峰下。長約四里。寬約二里。訥殷部白某云。前有人見艸塘中牧牛羊人。時常往來。呼之不應。人皆以爲仙人牧場。

赤松甸、在玉漿泉東北。甸多赤松。高不盈尺。故名之。長約里餘。

白花溪、在臥虎峰下。溪多四墜花。積雪之中。獨出一枝。狀如梨花帶雨。令人可羨。俗名爲雪裏花。溪長二里。

余至此遇雨。白山紀詠有云。關心飛雨過。冷眼替花愁。

石虎灘、在松甸東。惟石林立。橫斜仰臥不一形。望之如虎。故名之。灘長里餘。

風月窩、在雞冠岩西。夏日花艸滿哇。登山者每見仙鹿出沒其中。長約三里。

樂壽峪、在孤隼峰下。石立參差。出自天然。長約里餘。

隱流泉、懸流汨石坡半崖中。下墜碎石。湍湍有聲。水流半里許。隱于石中不露。至今流水處多有溜痕。

避風石、在汨石坡上。登望天池。如在目前。游山者一遇寒風。借石避之。故號爲避風石。余三至石前。坐而休息。因於石上鎸六字曰天池釣叟到此。聊識長白之游。白山紀咏有云石澀鎸字者也是避風人

仰月坡、在伏龍岡東北。三奇峰南。坡度急不能下。

還雲洞、在白雲峰上。今隱而不見。

濯足石、在金綫泉下。池水圍繞。有情高出水五尺。樺皮河獵夫劉鳳翔。常見有一僧人濯足石上。

洗兒石、在石虎灘下。近臨天池。高七尺餘。相傳七月七日有天女抱兒洗于石上。數年前有韓人在石旁撿小兒衣一件。領袖如恒。惟無縫。淡黃色。軟如綿。疏如葛。入水不染。入火不燃。有異香。終日不散。知非人

間物什襲藏之。經月餘。失所在。始終未獲。

星星石、在避風石南。石形圓大。夜有異光。人呼爲星星石。

隱豹崖、在冠冕臥虎兩峰之間。崖下深僻。與白花溪相接。余在天池旁。遙見隔岸一物。緩緩而行。以千里鏡窺之。一豹也。引路人舉鎗欲擊。余止之。

雲門、在伏龍岡之陽。俗名南天門。又名石門。門右一石。高而聳起。狀如武將立象。有懍然不可犯之勢。門左一石。如佛坐象。近視。東邊復起一石。亦如門形。俗呼爲東便門。中間一石。斜臥如梯。黑色光潔。如墨精然。

寶泰洞韓人云。數年前有打貂者甲乙同行走椺。俗驗打貂之木日走椺誤入大旱河。至雲門下。見門內有異采。觸天紅光射眼。心疑爲怪。往視之。登門上。光少歛。入于沙中。甲以手掬沙尺餘。露出一尖。色如桃紅寶石。心艷之。恨兩邊亂石塞滿。不少動。又無钁劚。莫可如何。乙焦急。從旁另覓一石擊之。有金聲。重擊數十下。毫無所損。躊躇苦思計無所出。甲曰、天將暮吾二人暫回宿明早帶鐵具來。必得此物。切勿告人。掩其迹。幷堆沙作記。歸次晨乙喚甲起持鐝鍁往。至沙堆刨五尺餘。始終未見。至今門中尚有遺迹。

鴿燕居、在觀日峰前。野鴿海燕。每聚于此。偶聞獵鎗聲。其騤擢飛觸之狀。尤足耐觀。

鹿徑、在梯雲峰前。斜插天池。登山者常見麀鹿麌麌。駢田偪仄之象。

余立灌足石前。見有數鹿往來其間。若不畏人者。

仙人梯、在梯子河上。石層如梯。故名之。

土人云、前有鄭磤過此。遇十數人順梯而上。追隨至頂。猶聞笑語曰。後有痴子追我。請疾行。轉瞬不見。惟一金杯在前。拾而藏之。後被東岡劉姓購去。白山紀咏有云。有時借得春風力。直上青雲不用梯。

古洞、在冠冕峰下。至今隱約猶有遺迹。

土人云、嘉慶年間有人放山（入山採蓡俗名放山）至天池。見峰下一石洞。洞口多登台、二角。

小蓡爲登台爲二角念洞中必有佳者。伏入數十步。黑暗不得進。意欲返。忽露明光。因匍匐入。約十餘步。豁然開朗。遙見數里外有茅屋兩三間。就之。一老者出。衣冠皆古不類近世。揖與語。鄉音不通。老者以手指西。似揮其去狀。放山者識其意。西行十里餘。遇一深澗。岸上菜花、狠頭、公雞、皆蓡花名花色鮮妍。蓡苗滿地。多四五六披葉者。皆老山。不似山子。採置背夾。未滿而龍爪、跨海、牛尾、菱角、金蟾、閘蝦、雀頭、單跨、雙胎各種俱全。獨狀少人格。意猶不足。扶石入溝。見溝底紅朵纍纍。莖高如樹。大可盈把。心驚喜。仍向前採之。忽一少女自溝中出。怒曰。青天白日。竊我園中物。背夾將滿。猶得隴望蜀。是無饜也。以手撮沙潑之。迷目不能視。知非凡人。跪而乞情。女曰。我不殺汝。汝速行。倘遇吾母。生還不得也。放山者起。目亦愈。視之而女不見。急奔數里。聞水聲潺潺。鳥語蟲鳴。身已在石澗中。攀松扶石而上。蓋梯子河之仙人橋也。計程已五十餘里矣。視背夾蓡尚在。喜而返。後偕數人往尋洞。不能入。故至今猶以爲蓡洞云。

七里灘、在華蓋鐵壁天豁三峯之下。

落筆峰、在天豁峰北偏東。形如筆尖。

不老峰、在落筆峰北偏西。

砥柱山、在不老峰西。乘槎河由山根下流。聲聞數里外。

玉壁、在龍門峰北。乘槎河順壁而下。

硯山、西南距白山七里。在黑石溝三道白河之間。山形如硯。

龍山、在黑石河南。高約二里。

　土人云、曾前山迤東鹿窖不少。野刀亦有之。葢刀用絲縷挂于樹根。可以砍野獸。

列宿泊、在黑石河前後。水二三尺不等。沙底畢露。瀰漪可愛。大者周約三十餘步。其方

　圓寬窄不一。登華蓋峰望之。燦若列星。

鵲嶺、在白山東北麓。每見孔雀各鳥飛落其上。

清風嶺、在大旱河東。

穆石、在清風嶺東。係穆克登所立。

按光緒三十三年。日與韓人樹木標于石右。高八尺餘。四面書字。模糊難辨。惟至字於字爲字。尙能認淸。

余尋穆石于嶺旁。覩其文曰、烏喇總管穆克登奉旨查邊至此審視西爲鴨綠東爲土門故于分水嶺上勒石爲記康熙五十一年五月十五日。末書朝鮮筆帖式蘇爾昌官二哥、軍官李義復趙台相差使官許樑朴道常、通官金應德、金慶門頂上橫書大清二字思搨印遇雨紙亦罕貴僅印兩張。一呈奉天公署。一呈吉林公署。字迹不甚淸楚。迨返尋露宿處迷徑過夜半風寒雨濕。兵僕忍飢耐冷。扶余周覩山而走。至三匝汗雨交雜。怨不成聲。時至五更霧散雨晴。峯尖微露。始辨南北。迨至設幌處。則東方已白矣。計迷行五十餘里。有迷途表可識經絕壑大小廿餘處。兵僕皆病。余親調藥幷煑薑湯飲之。二日後始愈。白山紀詠有云。迷入覩山走三匝。尋碑不易宿尤難。又云、夜半山深風雨冷。龍吟虎嘯紫貂啼。

黑泉、在冰山東。相距里餘。土黑如墨。泉水出於其中。微有黑色。故名之。

冰山、在黑石溝南溝內。千年積雪。結成冰山。下有一洞。深六尺餘。冰稜下垂千餘柱。狀若水晶宮。

土人云、溝內多元狐。獵夫見者。每擊之不中。

按冰山下多小洞口。人皆謂火鼠所居。

沙嶺、西北距列宿泊五里餘。沙積如嶺。長里餘。

余過嶺上。見下有木架。橫斜溝中。命僕人溝取出。視之乃照相架也。引路人云、光緒三十二年王耀帶俄人數名至此遇雹。遺物不少今僅拾一木架。其爲俄人所棄無疑。又云、日人年前至此。遺失之物亦多。

蒼頭嶺、一名長嶺。卽老嶺之幹脈也。在龍山西南。長十餘里。

松倉灘、在龍山南。小松高丈餘。均向東北。宛如廈形。約卅餘處。入山者每避風雨於倉內。近視松枝連理頗有異趣所謂山川靈秀所鍾。信然。

雙泉眼、水出長嶺南溝。下流爲木石河源。

三十六

自在泉、在華蓋峰東。水自峰腰流出。聲亦微細。盤旋有情。下流爲三道白河之正源。

廉水泊、在穆石西。泊小水淺。清濂可愛。

雪嶺、在芝盤峯後。

雪淵、在玉柱峯後。

雪井、在白雲峯後。

木石河、源出雙泉眼。兩岸多松。上游有水處無多。中多白石。下游無水。至徐棚東。即新民屯即散漫無河身。長約廿八里。

余尋三江源。至河上隧馬崖下。腹背受傷。危而復甦。露宿河邊四日。飲山羊血、虎骨膠。始就痊。前聞韓翁如二尹談及山羊血專治跌傷心血。尤妙。試之果然。據土人云、亦能治婦女血分病。虎骨膠專治腰腿痛及下部虛寒。白山紀咏有云。白山有幸留知己。隧馬河邊死又生。

炭崖、在木石河下游。徐棚東南。崖深兩丈餘。

按崖底出木炭甚夥。獵者每拾以爲炊。土人因其出于地中。故以神炭呼之。語云、地不愛寶。信然。余過此拾有數塊。燃之以烤鹿脯。與尋常木炭無異。但以兩丈深之土崖。能產木炭。大者拱把。小者一握。亦奇矣。

沙門、西南距炭崖四里餘。兩岸高數丈。多白沙。河底無水。中有大塊沙若干。堆立矗起。其形如門。內一水道。行人出入無阻。門兩邊沙岸險要。人不能行。水亦不得出。門上生松。大者盈把。門高丈餘。土人云、同治初年見一松根蟠踞門上。高約四尺。大可兩圍。後即不見。蓋被獵者焚燬耳。

又云、每年六月六日天將曙時。聞門內外車轔馬蕭。有大將班師凱歌入關之聲。往觀之。聲寂然。行里餘。聲如故。日出乃止。

按門旁有蜂花。淡黃色。其形如蜂。

又產蝶花。深藍色。其形如蝶。白山紀咏有云。信是東方春意足。奇花異艸不知名。

按該處山葡萄甚多。子黑而紫。味酸異常。土人採而食之。

木頭峰、西北距天池廿六里。四圍皆松。惟西北頂上多沙石。樹木不生。高約三里餘。

土人云、峯上產鵰三種。曰大鵰。曰坐山。曰白尾。余登峰頂見數鵰。體大如輪。飛落峰上。但未見其巢耳。

又云、十數年前。有一木把朴姓、韓民歸化者。結舍於玉沙河邊。尋棒松（松類木質堅勁異常俗名棒松）至峯下。見一木大可盈把。枝葉皆黑如漆。以斧砍之。斧折。視木毫無所損。舉手折枝。不少動。採其葉。葉墮如鐵片。驚疑莫可如何。返、持葉示同夥。均以為怪。次晨携鑱偕數人往。樹宛在。輪替刨劚。木倒、體重異常。二人抬之。沿途休息。至暮始歸。棄置庭中。月餘葉不脫落。羣呼為鐵樹。一日朴語衆曰。此木如鐵。以火煉之。未知能作鐵具否。試之若何。衆諾之。爭燃煤火。俄一僧至。見衆移木。問之。荅以化鐵。僧曰、似此一木。安能成鐵。即是鐵。能值幾何。汝等徒費力無濟。不如留之否則售於我。朴喜。按鐵百斤估價。僧探囊出碎金購之。僧用腰帶繫木負之而去。朴等皆笑其痴。後數年朴遇僧於聖水渠畔。見其坐睡於十字界碑之下。喚之醒。問鐵樹存否。僧曰、明告之。汝所謂鐵樹者。乃鐵珊瑚也。生於山者。爲盤古所栽。環球上僅有五株。予已獲其二。餘者、予猶尋之未得耳。朴笑之。歸與人語。衆皆奇之。余於吾鄉丁野鶴先生之七世孫家。見先生所遺鐵珊瑚樹一株。能辨陰晴。高不盈尺。每用金屑灌之而後生。若此樹較丁家之樹大十倍。若用金屑所費倍蓰。宜僧購樹時。囊中携碎金多多也。

按峯下多夜光木。蓋松根被風吹倒。年久不變之故。木色微黃。每逢陰雨。夜即放光。如燃硫黃。晝則不見。

按明子木、峯前尤多。蓋倒木受日月精華所致。土人每拾此木。夜間燃之以代燈。所出之煙。可作松煙墨。先七世叔祖青岑公所製槎河山莊墨配料法、載有用關東松明子煙一語。即指此也。

焚樹場、南距又一泡十二里。

按場周約八里餘。被焚之樹。均係黃花松。枝幹立而不側。土人以爲老君煉山時焚之。幷非荒火所致。查老君幷無其人。安有煉山焚樹之事。該場被焚之樹。實屬野火爲災鳥得以訛傳訛。蠱惑人心也。

玉帶山、東距木頭峯十二里。山背有一沙河。斜繞腰間。望之如玉帶。故名之。高二里。

長山、東接玉帶山。

連山、東連長山。

龜山、在紅山東北。其形如龜。俗呼爲龜頭山。

鷄頂峯、一名臙脂山。在太平川東。山頂多紅土。故名之。

富春阜、在連山北。

玉沙河、源出玉帶山。河身無水。多白沙。長約廿餘里。下游散漫無踪。

鶯兒阜、在冠冕峯南。

鏡花嶺、在梯雲峯西北。

忠嶺、在臥虎峯南。

青石崖、在梯子河前。

萬花峪、在玉帶山南。面積三十餘里。

相傳爲白山部遺址。春三月間。過者見有山市云。

迷人甸、在木石河北岸。甸產松。雨雪後。人不易行。土人云、數年前有韓人七名。迷人甸中。適遇大雪。均凍死甸內。後有入山者。至甸見有七人骨骸。半埋雪中。遂用土墐之。蓋銅碗在旁。始知爲韓人。

新民屯、卽徐棚。東偏南距布庫里山廿八里。有樺皮屋兩間。山廟一間。獵夫徐永順、莒州人。韓人服其鎗法。呼爲徐單子。據云、此房改修數次。自　國初有劉馮趙董四姓接替。至今。渠自董姓接手。已廿年矣。均以窖鹿打貂爲業。現在鹿窖。均經荒廢。惟打貂而已。（俗名打貝子）貂有白板、紫鄉、花板、油紅、亮青、豆青、大黑、金膝、老乾、等名。夏日來此。將貂椽（以木爲之）收拾齊備。至九十冬月。每日走椽一次。（驗有貂無貂之稱）每年或得十數張。至二三十張不等。現受韓人杜倉子之弊。（白晝尋貂之行踪用鈴繫之俗爲杜倉子卽杜巢也）所獲不如曾前。上半年往住吉林省城。所有器具寄放室內。夏日回時。一無所失。近來日韓人來往過此。每致遺失損毀。故去歲臨行。即將器具掩藏林中。尚不至失落。白山紀詠有云。戶不閉兮遺不拾。山居猶有古風存。又云、二百餘年傳五姓。一人兩屋即成村。因夏聚冬散。又云、最好兩間樹皮屋。半年浮住半年閒。適有韓人二名自長派來。距屯已百餘里。詢之曰。探隣居。又云、白山左右人烟少。百里還稱是比隣。長白府張鳴岐太守。遣兵賫番餅並詩一首云。千年積雪萬年松。直上人間第一峯。信是君身眞有膽。梯雲駕霧蹴蛇龍。

孝子山、在新民屯東北六里餘。

國初顏不冷。山東人。隨父渡遼。以獵爲業。用樺皮築室大浪河濱。一日、其父訪友訥殷部。路經山下。被虎噬。遺有髮骨及背夾等物。數日未回。顏往尋之。至部未見。疑之。返之山下。見草甸中有一背夾。斜橫草上。近視之。是其父遺物。左右尋覓。見有髮骨。始知父爲虎害。痛哭。負父髮骨返葬之。晝夜磨刀裹藥。豎鎗補履。志在復仇。獵友不知也。三日後語人曰。北山有一猛虎。當路害人多矣。爾君知之。今吾父死於虎。吾誓不欲生。往將斃之。不勝而死。望拾吾骨埋於山下。則感甚。衆欲偕往。顏止之。次日天未曉。早起直奔山上。獵友醒不見顏。尾隨追之。遙見兩虎自山後躍出。向顏前撲。顏連放三鎗。斃其一。一虎咆哮至身前。顏鎗不及放。以鎗拄虎。被虎奪棄。一爪攫顏左臂。顏急取短刀亂札。虎跳無停趾。向顏長嘯。顏踣而起。躍身奮臂。將刀揷入虎口。手腕亦入。不得出。相持不下。獵友舉鎗恐傷顏。不敢放。兩鐘餘。獵友從山下奔而上。至前。虎斃。猶聞顏語曰。虎死矣。吾已殺吾仇矣。好朋友。當埋我。語未終而顏亦死。衆見一虎鎗斃山下。一虎受傷七十餘處。顏左臂傷重。右手與刀仍在虎口。見顏兩目不瞑。面有生氣。剖二虎心祭之。目遂瞑。衆歎服其孝。厚葬之。至今呼爲孝子山。

義士阜、在孝子山東南。相距半里餘。

嘉慶初年。董士信。山東諸城人。少有膽略。及長慷慨好義。家居時有隣人被竊。衆知盜名。不敢與較。士信代爲不平。往與盜辯理。盜怒。與爭。士信拋石傷盜足。歸與兄謀遂逃關外之白山東阜。以獵爲生。近白山獵戶均服其膽識。每遇疑難事。爭求士信一決。適黃松甸有一張姓者獵獲鹿茸兩架。價值千金。韓人爭購之。有甲乙向張購未妥。回至中途。謀返殺而奪之。他人不知也。越半月餘。士信謂人曰。多日不見張某。盍往視之。偕二人往見張。已僵臥。有重傷。室中諸物俱存。惟鹿茸不見。疑爲韓人買茸者害。然亦無可如何。哭而埋之。歸語衆曰。張被韓人害。吾與之比隣。如不爲張復仇。是不義也。衆韙之。月餘、左近獵者時聞鬼泣。入山往往被熊虎逐回。衆懇謀諸士信。士信曰。當往祭張。爲其復仇。衆從之。往至張墓。士信曰。汝勿駭人。汝死屈。人皆知之。刻間各獵戶過忙。未暇計此。秋後吾定殺汝仇。自此怪異遂絕。迨十月底。士信親至韓界。遍訪買茸人之來歷。始知爲甲乙所害。告韓人曰。甲乙害張。是汝社人。吾應與汝社較。汝社如不誘甲乙於東阜。嗣後不准汝社人到葡萄山下。韓人素憚士信。至期、果將甲乙誘至東阜。士信詳細詢詰。甲認主謀。乙認幫兇。遂傳知各獵戶。帶甲乙至張墓。將甲剖心祭張。乙割耳釋回。當時未有不服其義者。蓋甲乙買茸時。曾先到士信窩棚。故知張爲彼所害耳。士信年九十七卒。其後現住吉林省城頤宮饒人旨謂行義所報云。

黄花松甸、又名一里闊街。在新民屯北。相距四十里。有松皮房兩間。獵夫一名。余至此、猝遇吉林邊防局測繪員孫君蘭芬。幸得借三日糧。兼食野猪肉。孫君向余索天池羣峰名稱。余於遣兵還糧時。給一略圖。即將白山十六峰。註明方向。書以贈之。

訥殷部、俗名老蘭阜。在三道白河右岸。東南距黄花松甸四十里。有樺皮房三間。獵夫二名。

獵夫云、該處產熊羆。前身如熊。後身如豕。其魄力過於熊豕。數年前在三道白河左岸。猝遇四隻。飲水河邊。鎗斃其一。烹而食之。味較野猪肥美。但不多見。按此種獸係熊豕配而生者。

礦泉、即煖泉。在二道白河上游。北距訥殷部十二里。河邊出數泉。水煖可浴。產硫黄。

章斐嶺、在暖江西岸。雙龍尾地方迤南。

仙人橋、在梯子河下游。東偏北距長白山五十里。橋橫三尺。非木非石。橋下多石洞。產石渣。

土人云、百餘年來。曾未聞有修造此橋者。而堅固異常。令人不解。故呼爲仙人橋。

又云、竹木里有歸化之韓民金氏。姑老子幼。家綦貧。朝不謀夕。一日姑患目不能視。聞天池水可以療目。遂戴盎往。（韓人取水皆將水具戴於頂上）中途未遇一人。至橋頭。日將暮。倚松少息。適見老媼攜一少女及一婢。頭戴水瓶。自東來渡此橋。金氏歛衽與媼語。詢自何來。媼曰、適從天池取水。回家過此。金氏歷敘爲姑取水至此。媼命婢將瓶持贈。告之曰、歸奉爾姑。汝速返。勿少留。到處虎狼。未易防也。囑婢引路。覺身輕一葉。兩鐘許已抵里門。計程九十里。心驚疑。顧婢不見。入室奉姑洗目。數次。視物如恒。人皆謂孝心所感云。

松山、東偏南距長白山二十五里。

土人云、山左右產牛肝木。形同樹雞。氣味清香。與他處所產不同。焚之可以殺毒蟲。

按東山、毒蟲種類極多。有小咬、（體如穀粒夏日最多晨暮尤甚夾皮溝湯河各會居每遇擅殺人命時多用咬刑以繩縛人於樹上合小咬咬死兩晝夜即露筋骨俗名喂咬人皆畏之如虎所謂小咬甚於大嘴信然）草扒、（暗藏草中如落人身其首深入肌膚始終不出受傷處三年後猶覺痛癢惟初落人身時用指彈之其首自出再將患處毒水擠出見血而止即不為害）牛虻、（其形大於他處所產）蚊虎、（形長寸餘其聲甚厲）狠頭、（似蚊非蚊）鐵嘴、（嘴長有尖）鋼翅、（其翅甚硬）小蜻蜓、（形似蜻蜓）各名。惟牛肝木煙（松樹所結狀如牛肝不似樹蘑）可以治之。東山居民。多戴頭圈。（柳條樺皮為者居多）將牛肝木插在圈上。焚之以避諸蟲。白山紀咏有云。不有牛肝煙罩頂。誰稱鐵面露真容。又云、天池既許劉郎到。應倩麻姑癢處搔。

萬松嶺、在樺皮河北長百六十里。產黃花松。

淺水汀、東北距錦江南岔廿餘里。

蘭花塘、在樺皮河西南。產馬蘭花。周約十餘里。

黃花甸、在錦江北岸。產黃花甚盛。

白花嶺、在梯子河西北。產白花。高四尺餘。

仙人徑、在樺皮河南。相距里許。陡起平岡。兩邊黃松葱蘢蒼翠。迥異他處。中有一徑。寬約廿丈長約十餘里。春花冬雪。僻靜幽深。絕少紅塵。寔爲尋常人所難到。故名爲仙人徑。

土人云、晨起每見徑上老幼男女。往來不絕。均係太古衣冠。瞬息不見。

小白山、在長白山南偏東。距天池約有五十餘里。山有三峰。東南爲筆尖峰。中爲豹頭峰。微高。北爲馬鞍峰。皆象形名之。山西南麓。有白水渠、小白川、二水入於暖江。高約八里。周約四十餘里。

棋盤山、北距小白山十五里。山頂方而平。狀如棋盤。南北較長。高約六里。周約十餘里。

相傳後漢管幼安築台讀書山上。至今豹頭峰頂有一白石。土人呼爲掛帽石。

土人云、春夏天晴時。每見山上有兩叟對奕。

七星湖、在小白葡萄兩山之間。突出湖水。大小不一。列如北斗。故名之。韓人名爲三池。

土人名爲三汲泡。均就湖之大者言之。湖中水不外溢。其東南一湖最大。周約十餘里。底多海浮石。深不可測。四圍皆松。中間特起平甸。周約里餘。如龜形。松生其上。名曰松洲。長白山東南一隅。湖山名勝。以此爲最。餘者周有三四里。及里餘不等。相距甚近。歷視之。湖形有荷葉菱角葫蘆桃葉各狀。水淺處見有水紅花生焉。

土人云、湖水與天池相通。數年前有獵者數人。聞水聲自長白山奔流而來。入於湖中。不見其迹。蓋伏流綫也。但數年不一聞耳。

族兄錫巖有一佃戶賈喜、粗識字。面如書生。相者驗其胸有黑子。能貴。幼嗜飲。醉即謾罵。鄉人惡之。父兄逐出之關外。聞中表許某在娘娘庫業獵。往就之。未遇。無所投止。流落小白山南。與韓人伍。以砍木爲生。稍通韓語。韓人固多飲者。時至午節。喜邀友四人赴聖人廟前痛飲大醉。返至七星湖畔。五人歇臥岸上。忽有護衛隊數名肩輿一乘前來。一人向喜曰、八大王請賈額駙晉宮。喜驚愳登輿行十里許。遙見宮闕輪奐。若王者居。兩邊觀者如堵。未幾。鼓吹喧天。礮聲震耳。一人曰、八大王至矣。請額駙行接見禮。喜下輿立側。王見喜大悅。行抱見禮。如舊相識。二人握手入殿。設酒筵。

五十

拂坐安杯珍錯羅陳桌上多不識名酒數巡王謂喜曰、孤有一妹年已及笄姻聯秦晉若何喜驚起謝曰、小人琅邪一酒徒耳漂流遼左每日兩餐不飽烏能俯蓄況家隔四千餘里往返不易恐累大王王笑曰、何須遠慮若此命僕婢扶喜入內閣無何簫韶大作燈采輝煌俄有數媼擁一麗人至環珮丁當淩波淺細蘭麝餘香僕入腦髓迫漏下三更樂寂人稀喜就與語麗人笑語曰、我松蘿郡主也吾兄大王相攸數年才貌未有如君者故字之喜喜閨房之樂甚於畫眉次晨宮中大開燕宴喜念四友亦可招飲令宮僕持柬往霎時四人入見喜叩謝命住偏殿作顧問客忽一日飛報天池聖母壽辰八大王扈從多人先行兩鐘餘有一閹者入宣旨召額駙郡主同入朝祝嘏赴宴喜與郡主並肩坐馬車從者百餘人往至殿前跪謁聖母賜坐設筵夫婦同席居末座見殿前後數十筵喜問列坐者誰從者俯耳側語首坐黑叟爲黑水大王俗稱禿尾老李即此人也次鴨頭親王次土門郡王次錦江將軍殿前對坐者一南海大士一白水眞人餘係龍灣七十二大王中間虛設數座聞海若河伯湘妃。洛。神。尙。未。到。倚。聖。母。側。者。左。爲。松。花。福。晋。右。爲。圓。池。神。女。少焉樂作。爲近世所無。郡主曰、此。廣。陵。散。下。界。人。不。得。聞。也。酒酣繼燭。翠呼萬壽。聖母悅。召喜前諭曰、聞汝才華絕倫。朕有一語。不易對。汝對之。還以朕神女配汝。命宮女取筆書三皇五帝四字。喜素不能吟。窘甚。汗出。衆皆暗笑。但此時喜已醉。思三字五字係數目字。當以數目字對。遂援筆寫七爛八糟。聖母大怒。喝曰、此子太不文。君前狂言。無禮犯大不敬。律罪當斬。八大王。祖。親。誤。國。交。水。部。嚴。加。議。處。衆大王免冠叩頭。奏曰、萬。壽。擬。罪。不。祥。查。新。律。犯。上。有。據。充。極。邊。軍。聖母色稍霽。命武士數人捉髮拖足。解喜出。遊醒卧朝鮮界將軍峯下。腿痛不能步。匍匐歸。至半途。見四人斜卧草甸中。呼之起。相顧皆驚。四人曰、八大王回宮盛怒。將吾輩驅逐境外。幸郡主乞情。得免杖責耳。喜笑曰、莫非夢也。否則胡爲至此也。同歸返。故廬不見。景物全非。往尋舊鄰。鄰人見而駭曰、聞爾。五。人。醉。溺。七。星。湖。中。今。十。年。矣。尙遊戲人間耶。喜同四人歷言所遇。人皆以神仙目之。余至湯河遇喜。喜毛遂自薦。充白山鄉導。途中詳述其異。余未之信。故誌之。

又一泡、南距七星湖四里餘。沙底、水亦清淺。

塗山、西北距木頭峰六里。高約里餘。

相傳九尾狐、產此山中。

土人云、同治年間有人見一大星隕於山上。其形不方不圓。現土壓其上。小松生焉。

敖山、南距七星湖廿里。山頂多紅石。東南有一古洞。至今宛然。山高里餘。

相傳秦人盧敖遁迹洞中。故名爲盧敖洞。

土人云、前有韓人朴不完。夏日月夜過山下。忽見洞門大闢。光明如白晝。趨視洞口。深不可測。石玲瓏狀如水晶。倏而潑剌一聲。一赤鳥自洞中飛出。戞然長鳴。直衝山上。少焉飛還。入洞不見。朴念此鳥非凡可捕。遂放步直入。行廿餘里。洞如故。又十餘里。仍如故。興盡思返。俄聞笑語聲。微不能辨。再入里許。見石室數間。矮小異常。上有無數赤鳥。飛落檐前。仍就捕之。適有二人從室中出。形容古恠。衣履甚樸。軀長不滿三尺。見朴逃避。朴尾追之。二人拱而立。朴曰、汝等何爲者。答曰、盤地球者。朴曰、誰使之。荅曰、奉地皇氏命令鑿穿地球以資修理。朴曰、地球能鑿穿乎。荅曰、現已鑿穿矣。朴曰、年代幾何。荅曰、計八千年。朴曰、工人若干。荅曰、計億萬工人。朴曰、如何鑿法。荅曰、按五行生尅鑿之。朴曰、地厚若何。荅曰、天如許高地如許厚、取直綫、計九萬萬里有奇。朴曰、地震爲何。荅曰、天公球戲。朴曰、地裂山崩海笑爲何。荅曰、地中有風火水工師與工時、誤觸風則放風、放風即地裂、誤觸火則放火、放火即山崩、誤觸水則放水、放水即海笑、此理之常也。又何疑焉。朴欲再問、忽而雷電交加、風雨大作。二人曰、驗工球神至矣。請速避、遲則生禍。朴愳奔返、汗流浹背。甫出洞口、回顧白雲封固、毫無奇異。歸途月影依稀、幸未失路。逢人輒道、衆皆異之。白山紀詠有云、地球何日能鑿穿。多少工夫多少年。向使中間留有隙。千鈞一髮繫彈丸。又詠地震有云、簸盪雲時震五洲。管他東亞與西歐。一聲平地如雷起。想是天公蹴踘球。

布庫里山、俗名紅土山。因山多紅土故也。西偏北距長白山八十里。高二里餘。

余拉荒（無路可尋俗稱拉荒）至山上。見前後多枯𥠖（俗名鹿砦）。蓋獵戶擇山深林密之處。爲𥠖於中。

五十四

深八尺。寬八尺。（俗名方八尺）用鐵尖（形如蒺藜）置於阱底。上用小樹枝横於阱口。再用土艸掩蓋其上。視之如平地無異。設鹿走阱上。陷而能獲。岡後獵戶修鹿窖者不少。而枯阱之多。莫過於此。前人所謂迒杜溪窖者近是。

布爾湖里、（滿洲語）俗名元池。因長白山東爲第一名池故也。面積二里。餘四圍多松。參天蔽日。水清淺。終年不乾。

相傳有天女降池畔。吞朱果。生聖子。後爲三姓貝勒。實我朝發祥之始。（事詳八旗通志）按朱果、（艸本）每莖不蔓不枝。高三寸許。無花而果。先青後朱。形同桑椹。味清香而甘酸。遠勝桑椹。一名仙果。池左右頗多。他處未有。

土人云、每年三月三日早起至池邊。見歌台舞樹。浮於池上。其管弦之音。儼然陽春白雪。古調傳來。惟始終不見一人出入。迨日出時。僅有雲霧團圞。環繞水面。静聽之。池中餘音嫋嫋。雜入水聲。約半鐘許。聲始寂。故又以仙湖名之。

紅巖洞、在圖們江北。南距二所六里。

相傳明成化年間。遼陽惠豆根游山至洞口。倏見一黑人自洞中出。衣冠博大。鬚髮皆白。狀如鬼。惠素有膽。猝然問曰、汝自何來。黑人怖趨避入洞。惠側身亦入。甫里餘。黑暗不能舉步。匍匐行半里許。忽露光明一線。似羊腸小道。急赴之。道斜插西北。層層如梯。深不見底。戰栗不敢入。躊躇四顧。計無所出。旋見黑人立小道中。以手招入狀。惠扶磴下。約萬級。始抵平壤。人煙繁盛。別有地天。惠喜出望外。坐而休歇。俄一老者至。蒼顏皤髮。瑰偉不類常人。見惠喝曰、起。何物狂奴。敢入工廠禁地。惠指黑人曰、彼誘我至此。老者曰、工人在逃。與私入禁地罪相等。鳴警笛呼工廵數名至。命扭惠及黑人。監禁幽室中。惠始知黑人爲逃工者。居數日。相處甚善。惠問曰、是何工廠。黑人曰、實告君。此女媧煉石廠也。惠曰、女媧補天。事屬荒誕。即或有之。自黃帝甲子四千餘年。毫無缺陷。煉石何爲。黑人曰、吾與工師有言。有形之天。天不滿西北。無形之天。天尚有九重。就先天不足一語推之。烏得無缺。今廠中煉石。乃預備耳。惠曰、共有幾廠。黑人曰、東西中三廠。一預備廠。一歲修廠。一儲蓄廠。惠曰汝入廠幾年。黑人曰、吾入廠中。計七十一甲子矣。因工師過嚴。故思逃。不料遇君。致事發覺。奈何。惠曰、吾二人如何得脫。黑人曰、平壤老者係天皇氏曾孫。善讀盤古傳及三皇歷史。君能求援否。惠曰、不能。黑人曰、既不能此。求脫難矣。吾輩甘忍可也。閱年餘。工廠不愼於火。幽室被焚。黑人曰、可以逃矣。惠夜遁。逃出洞口。返遼陽問惠氏。故廬衆皆茫然。始知明鼎革二百餘年。仍回古洞。而煙雲封鎖。不能再入。後不知所往。因憶族兄冠卿曾言。前有人入廬山洞。東南諸城縣見有煉石廠數處。暗中袖石而出。石五色玲瓏。光采照人。今聞紅岩洞一事。大致相同。其果有是事乎。姑誌之。

甑山、在圖們江南岸。東北距紅岩洞十三里。土人云、獵者入山。每見有巨人高丈餘。遍體皆毛。面目不能辨。一遇即問始皇尚在否。獵者趨避。巨人力追。至前兩手阻攔。再四詢詰。獵者如荅曰始皇已死。巨人踴躍而喜。以手握之。似延客入座狀。如荅曰始皇尚在。巨人即狂奔而逃。嗚嗚有聲。似恐有人尾追狀。紅岩洞左右亦多人。皆以爲避秦修長城之苛政者。

又云、山中產貂。毛色特佳。山下椽釘頗多。

葡萄山、一名蒲潭山。西北距長白山百五十里。日人名爲大角峰。韓人名爲南胞胎北胞胎。以兩山相連故也。南胞胎山水。西南流爲胞胎河、南溪水、北溪水、三水合流。曰劍川江。此鴨綠江之南源也。北胞胎山水。東流爲紅丹河、糾雲水、半橋水、三水會於大浪河。此圖們江之南源也。山形如葡萄。環長白山左右重巒疊嶂。畢極雄厚。而未有如葡萄山之高且大者。計峰有七。曰筆架。曰晚霞。曰仙掌。曰鼇頭。是爲南葡萄之四峰。曰馬耳。曰朝陽。曰臥象。是爲北葡萄之三峰。高約廿六里。周約九十里。

相傳中韓界碑。立於北葡萄山下。光緒初年。人猶見之。後被韓人掩毀。而今亡矣。

韓人云、黃昏後每見有一火球。大如輪。自長白山飛入小白山。旋入葡萄山。約兩鐘餘。仍尋古道返。倏忽不見。或謂龍。或謂虎。或謂仙。或謂氣。均不足據。姑錄之以待攷。

又云、山產鹿頗多。有花鹿、馬鹿、燕脖、之分。花鹿毛有花斑。馬鹿無花 獵者有打胎、打茸、打尾、之別。二三月打胎。有嫩胎全胎胞胎三種胞胎最佳 四五月打茸。花鹿單盤毛細馬鹿雙盤毛粗有旂色弧子馬鞍及平頭八叉等名十叉以下皆名鹿角十冬兩月打尾。有頭排二排三排名目數年前有獵者於六月間入山打茸。此山產鹿與他處不同其解角生角較遲迷徑、尋泉水不得。渴甚。情急用手掬便而飲。自朝至夕。仍不能辨山之南北。忽一獸自澗中躍起。似鹿非鹿。頂上一角甚長。以鎗擊之不動。向前捕取。三步外獸直起逃奔。獵者追之行四里餘。獸伏入石洞。獵者以麻繩繫扣於洞口。放鎗嚇之。獸跳出被獲。時已暮。帶獸赴山下。遙見燈火。始認為寶泰洞入墾戶家。衆不識獸名。或謂麟。或謂獅。飼以肉不食。置以水不飲。惟馴良可愛。因繫於牛欄中。意欲明晨送至寶城售諸識者。迨至次晨起視。欄中而獸已失。繩斷數節如刀割。獵者疑被墾戶竊去。欲興訟。旋經衆人勸解。始作罷論。然究不知其為何獸云。

將軍峰、一名天山。在葡萄山南。偏西朝鮮界內。峰頂平而圓。四圍皆石。嵯峨陡險。狀如盔式。人不易登。亦韓國之名山也。高五里餘。相傳峰上舊有箭台。唐薛仁貴東征至此。而高麗平。因築台於其上。按軍中歌曰、將軍三箭定天山。或即此歟。否則韓人至今猶呼為薛將軍峰。春秋致祭。果何為者。

寶泰洞、在劍川江右岸

余八月間過此。見墨菊枝紫葉黑。韓人云、開時花瓣如墨。惟較之蟹爪黃、楊妃面、紫金錠、各種花小耳。吾鄉惠素臣先生善畫墨菊。少時曾蒙持贈扇一柄。畫并題。有云、淡墨畫成三兩朵菊如此墨墨猶香。今見墨菊。始信其題菊之有由來也。

適韓士金光漢求書筵扇。因咏之曰、放而彌也卷而藏。半面風光半面涼。不是多情偏愛汝。惟君知我熱心腸。旋許文淵求書團扇。又咏之曰、寒氣襲人秋在手。清風摸我月當頭。問君團體何時結。好繪東西兩半球。

六六艸塘、北距聖水渠十九里。夏日水淺泥深。行人患之。每繞越而過。恐陷泥中耳。塘卅餘處。產水鳥、鱔魚。韓人云、塘中秋日水鳥頗多。每用野猫擊之。按野猫以鐵爲之。鳥落其上。即能擊斃。此次余過高麗嶺見之。

分水嶺、北距七星湖四里餘。前有中韓十字界碑。立於嶺中。

土人云、界碑形式。與葡萄山下之碑無異。較穩石高尺餘。後被韓人私毀。改修天王常墾人劃暗記當日立界碑之地點云。

大高嶺、西南距寶泰洞廿六里。

按嶺上有一艸道。松樹頗多。余過此時。值大霧。忽聞豕聲。衆不敢前。隊兵蘇得勝回顧告余曰。前有野猪當路。舉鎗擊之若何。余曰、諾。連發三鎗。一無所獲。但聞木葉蕭蕭而已。後聞獵者云。東山外孤猪羣雄。最易傷人。獵者遇即避之。若野猪成羣。即不妨擊矣。

二道白河、即乘槎河下游。松花江正源也。兩岸陡深六七丈。水自澗中流。聲聞十餘里。下流爲二道江。產蛤珠。

相傳古有五蛟出天池。跳躍長白山上。留有五道坡口。旋四蛟入池不見。惟一蛟從乘槎河豁山劈嶺。向東北狂奔而去。池水隨流。波浪滔天。汩汩直下。無阻。故至今河岸深險異常。與他水不同。

按吳木訥查看白山。至納陰地方。即指此處而言。蓋昔之訥殷部。今尚留其名於二道三道白河之間故也。

按日人名爲大納陰河小納陰河六納陰、係指二道白河而言。小納陰、係指三道白河而言。

三道白河、源出汨石坡。左右共四岔。無水處甚多。惟北源一岔。水勢頗暢。儼若飛泉挂壁。東北流五十里。入二道松花江。

頭道白河、源出長白山北麓。與松香河成交尾形。下流入二道松花江。

黑石溝、一名黑石河。源出清風嶺。西北距穆石百餘步。河身微細。多黑石。有水之處甚尠。南岸上游壘有石堆若干。下游積有土堆若干。溝長四十六里。至黃花松甸即平衍無蹤。

按康熙十三年。　派覺羅吳木訥、查看白山至訥陰。將赴山前。患窮岩絕壑。林密雪深不得進。踏勘旬日。始循黑石溝而上。直抵白山之陽。因於溝南岸上游產石之處壘石。下游石少之處積土。以誌登山之路。故至今石土之堆。遺址宛然。查吳木訥白山日記有云。壘石。聊記。登山。路。留得。桃源。好。再尋。即指石堆而言也。韓人誤爲中韓國界。華人疑爲封禁山林。均屬無稽之談。則大謬矣。

四道白河、源出老嶺西麓。下流入娘娘庫河。

五道白河、源出老嶺西麓。西南距四道白河卅餘里。下流爲娘娘庫河。

大荒溝、源出老嶺之黑山。東距紅旗河源十餘里。下流入娘娘庫河。

土人云。前有放山人周正同甲乙在大荒溝獲蓡甚夥。甲乙謀害周。至溝口甲將周推入溝中。意其必死。遂將周所得者儘數分劈而逃。周落水無傷。惟四圍岸陡不能上。自念擇友不慎。受此奇禍。身葬魚腹。勢所不免。匍匐至水邊。見白石參差錯落。有巨蓡生於上。採數棵。大者盈把。但饑餓難忍。無計可施。忽見一蛇長丈餘。口銜青草。吞而復吐。心疑此草。或可療饑。纔赴生草處。嘗之。腹果。居月餘、習以爲常。遂與蛇熟。每日蛇低首。周即跨其身上。如是者數日。蛇漸長。一日周伏蛇項。揬鬣把玩。倏而霹靂一聲。騰飛萬仞。周方駭絕。而身已飛落岸上。醒歸語人。衆以爲蟄龍。攜回之蓡。售數千金。每以未持靑草爲憾。或云、靑草卽芝草。亦未可知。後聞甲又害乙自往濛江。途遇盜殺之。人皆謂不義之報。

娘娘庫河、西北下流百餘里。會入二道白河。

相傳娘娘庫地方。爲女眞國故址。至今耕者、往往拾有刀環箭頭等物。然亦不多見。

土人云、荒溝多石漬。石上風霜雨露不得侵。年久石潤如滴。取之專治目疾。

又云、老把頭最靈。溝中多木。不分晝夜。樹自腰中每自折。放山者、時聞有聲丁丁。如伐木音。俗名老把頭砍木。按老把頭名稱。放山打牲、伐木、各有把頭。以其爲首領故也。東山一帶。奉爲神明。立祠與山川神並祀。或稱爲王姓名稿者。或稱爲柳姓名古者。皆不可考。然竊其祀之之意。亦係斡山籬落者之不忘本耳。土人入山。必焚香禱以乞福。迷信過甚。亦如大江以南之祀五通。長城以外之祀狐仙。同愚哉。

古洞河、東南距娘娘庫地方百五十里。源出牡丹嶺五道陽岔。下流入富兒河。

相傳古洞係紀仙遁迹之處。洞口產石耳。食之味勝桂耳。

葫蘆槃在古洞河東南。下流入古洞河。

露水河、源出平安嶺。入二道松花江。

富兒河、源出富兒嶺。西南流入二道松花江。

相傳天命朝。四旗兵隊。月夜渡河。見水中火光。點點密如星布。衆疑爲怪。趨而過。及岸回視。光明如故。急歸營。所有白旗一兵。名富爾汗者。告本旗牛彔曰。此河產珠。今夜光。必珠光也。何妨入河取之。牛彔率本隊返入河中。按火光探探。果得蛤蚌。視之皆珠。盡力索取。所獲無算。大者如鴿卵。及曉不見。後以珠易銀。充作兵餉。知者以爲蛤珠獻采。實有天助。

鏡兒溝、入富兒河。

相傳明季有木把得一古鏡。似秦漢物。鈕如龍形。背上有篆文。剝落不能辨。而紅絲斑爛有異光。面上能分晝夜。晝潤夜乾。背上能認月之盈虧。月盈則全潤。至晦日則全乾。藏爲珍寶。後一道人自稱由長白山來。索鏡一觀。並云歷代鼎革。窺鏡即知。不僅能知日月也。木把終始不獻。道人盛怒而行。木把啓櫝把玩。鏡忽失。疑爲道人竊去。追至富兒河。則見道人入河不出云。

北石人溝、入富兒河。

土人云。溝内石立如人。每至三月。夜間溝内嘯聲宏亮。聞者皆驚。趨視之。宛然白石。一無所聞。返里餘。又聞其聲如前。人皆名爲石人嘯。如連嘯數夜。即卜豐年。傳以石言爲不祥。今以石嘯卜豐年。異哉。

柳河、共有五道。均入二道松花江。

錦江、土名緊江。因水流過急故也。有三源。均出長白山之伏龍岡西。西南流。北受碎石溝水。又西流。南受熊虎溝水。折而西北。有湯泉溝、清水渠、二水自東來注。又西北。梯子河水自東來會。又西流。樺皮河合數水自東南來會。又西北。有漫江南自長茂艸頂。西北流百六十里。來合于兩江口。下流始名爲頭道松花江。自江源至兩江口。長約百七十餘里。

按江中多石。水流過急。聲聞十餘里外。白山紀咏有云。大。江。西。去。波。濤。湧。水。打。石。頭。不。住。聲。夜過錦江。又云、煙。圍。嶺。項。如。華。蓋。月。印。江。心。疑。釣。鈎。

乾溝、即碎石溝。在錦江西南岔前。

土人云、此溝入錦江。兩岸多雙心木。不易砍。蓋木本雙心。其堅自與他樹不同。又云、雙心木。每以斧砍之。則血流不止。殊屬不解。

又云、數年前韓人在乾溝口砍樹。遇一樹大數圍。以斧砍之。血出。聲如牛鳴。疑之。歸與衆謀。衆各持斧鑁往。復砍。血暴流如泉。衆不顧。仍砍之。樹自倒。視之、樹心半枯中有巨蛇無數。猶蠕蠕而動。舉火焚之。經三年而火猶未息。按此木因蛇流血。理猶近之。彼雙心木無蛇而血出。則愈出愈奇矣。

熊虎溝、西距淺水汀十二里。源出龍岡北。下流十六里入錦江。

土人云、此溝係熊虎相鬥之處。每見鬥時。數日不分勝負。虎餓他往覓食。飽返復鬥。熊則不知也。鬥方酣。虎去。熊即就近拔樹。恐樹礙鬥。終日不息。虎至再鬥。無暇時。數日後熊疲敗。被虎噬者十之九。溝內門場數處。故名之。

余至此、猝遇三乳虎。放鎗嚇之。一伏入溝底不得進。得其二。一雄一雌。咆哮之態。雖小亦有威勢。日餇羊肉三斤。帶送奉天公署。轉送京都萬牲園。攷之虎一生一胎。生一子、曰虎。二子、一虎一豹。三子、二虎一彪。按彪似虎非虎。勇猛異常。此三子其中必有一彪。未悉孰是。語云、入虎穴得虎子。信然。

按虎生七個月後。目能遠視。人不敢近。大者爲頭牌。次爲二牌。又次爲三牌。餘爲乳虎。三年後即爲三牌。虎夜間眼光如明星。閃爍照人。骨有香臭之分。三伏內爲臭骨。冬臘月爲香骨。作膠浸酒食之。膏專貼患處治虛勞。前脛爲最佳。肝能貼無名腫毒。肚作膏。尤妙。鬚作剔牙杖。不傷牙。惟頭骨切不可食。誤食之即中搖頭瘋。

按虎、土人名爲山神。獵者名爲軟蹄子。大爪子。柔毛子等名。

按虎善食狗肉。每食一次。即臥數日夜不能起。如人飲醉相似。如食豬肉腿。即酸軟。牛羊肉皆可。野獸肉尤妙。惟不宜五穀。查百獸之肉。氣味不同。而虎獨於食狗則醉。

食猪則癩。殊屬令人莫解。

湯泉溝、源出白山西南派子。至鐵崖出數泉。水熱如湯。波起如珠。俗名珍珠泉。旁又有一泉。水溫煖可以洗目。溝旁產煤炸及硫黃。

余偕許劉諸君。浴乎泉者兩次。深山大澤之中。幸得煖泉可資沐浴。而神清氣爽。爲之一快。白山紀咏有云、湯泉浴罷無多事、撿點行裝好入山。又云、底是深山多勝蹟、煖泉波起似珠圓。因露宿泉上。結松棚。支布幌。休息三日。又云、松棚燈下酒、布幌夜深棊。

鐵崖、在湯泉溝上。

余率兵隊尋江源過此。見圓虹出現。衆皆驚訝。或以爲地勢最高得窺虹之全象。亦未可知。白山紀咏有云。鐵崖偶見圓虹現。疑是蟾蜍墜翠環。

清水渠、源出白山西南麓。下流入錦江。

梯子河、源出梯雲峰西。上游兩岔。斜挂峰腰。直同瀑布。下流六十里至二里半地方。南窩棚弔水湖。入錦江。

樺皮河、源出白山西麓萬松嶺南。西流七十五里至大河口入錦江。

馬尾河、在樺皮河南。下流三十里入樺皮河。

兎尾河、在樺皮河北。下流三十里入錦江。

黑河、源出萬松嶺。卜流三十五里入松花頭道江。

板石河、源出萬松嶺。在黑河西北。下流四十里入松花頭道江。

漫江、一名縵江。源出龍岡之長茂艸頂。合數小水西北流百六十餘里。至孤頂子山後。會于錦江。

竹木里、北距漫江營四十餘里。有韓民四戶。

漫江營、在漫江下游。西北距東岡八十餘里。有韓民卅餘戶。

按江邊多膏腴之田。韓民亦皆富饒。余至此食油麥。江魚均係親手烹調。味頗厚。因購糧東上。住三日。時值天晴。江水有聲。雲山入畫。樵夫牧童。往來不絕。畊者荷笠於田間。女子漱衣於江上。村內鷄鳴犬吠。相雜于舂聲機聲中。周圍數百里外。毫無人煙。忽于深山大澤獨闢生面別有地天儼然龍岡後一。小桃源也白山紀咏有云江干多少天然趣諧者漁翁嘯者樵又云、走過大荒三百里。居然此處有桃源又云、偶遇牧童騎牛過漢書斜挂角頭前見韓童騎牛手執一書索觀之漢書也書中多減筆字不易辨詢之許姓十五歲由書房回家宿此江上夜半聞鹿鳴又云、門對大江西山高月影低蒼茫雲樹裏遙聽鹿呼聲

老旱河、在白山北偏西麓順平安嶺西岸陡闢一澗有石無水深約十餘丈闊十餘丈長約五十里人迹罕到下游出水爲松香河

相傳山中魑魍魎魅多聚於此十數年前吉林宋十八、採香至河遙見左岸有二童嬉戲以手招宋知爲怪置不顧忽聞一童哭一童罵宋怒以石擊之傷一童頭顚踣一童狂奔而逃少時見一巨人魏魁猙獰來宋趨避之巨人追六里餘將宋捉獲手撮宋髮步轉如風山林溝渠跳躍而過行約百里天已暮至一城闕火光明亮若路燈然車馬出入轂擊背摩歷歷在目巨人毫無顧忌帶宋直奔宮殿前擊鼓鳴冤旋

堂上一呼聲如霹靂殿旁人役擁出列兩楹下約半鐘許忽一人出、至殿前高聲喊大王升殿豫審王公同升殿聽審者兩邊列坐殿旁人役肅然未幾令巨人同宋至殿下立巨人訴宋石毆童腦宋力辯其誣大王飭役將童帶驗霎時一人負童至大王起驗豫審王公同起驗畢、大王喝宋跪杖八十禁獄中宋入獄見獄內人犯百餘人各有手藝房屋淨潔食品亦豐不類人世居數月一日獄官點驗人犯語禁卒曰明日小王子完婚爾等親帶各犯赴悅安宮領賞次日禁卒用紅繩繫各犯前往宋尾於後無何抵後宮按罪之輕重計人受物或以珠或以貝或以皮帽或以金錢各犯領謝畢諭令回獄至半途宋思逃暗中將繩咬斷遁匿大樹上約鐘餘城闕內外人喧鼎沸燈火光明如晝大搜過夜半未獲聲始寂宋始自樹而下越城垣數重逃出急行里餘天曉猶恐尾追回顧一無所見身在萬花峪中返語人均以爲異視之金錢猶在計日已六閱月矣後聞宋平素虐待兒子人皆謂不慈之報云

按長白山前後地多沙土俗呼爲鐵板沙不宜樹穀旱河亦多而以老旱河爲最深

七十二

松香河、源出老旱河西北流二百餘里。至雙甸子地方。入頭道松花江。

土人云、數年前吉林將軍。每年派員帶人採大字香至此。以備　供差。

按河兩岸産大字香。較他處特多。查香木本。狀如矮松。高不足二尺。枝黃實紅。氣味清馥異常。諺語南檀北松。即指此香而言。焚之可以除濕氣殺毒虫避瘟疫清腦筋。河中亦産蛤珠。採者有之。

余過河上。採香擲野火中。東山採參露宿荒地皆砍木焚之一爲夜間烤火可以除寒濕一爲夜火照耀野獸望之不敢近前入山露宿未有不先焚火者其香味之厚。殆過於檀云。

槽子河、源出平安嶺。下流二十五里。至烟筒磖子。入松香河。

柳茂河、在槽子河東北。下流六十里。入松香河。

二道松香河、在柳茂河西北。下流四十里。入松香河。

三道松香河、源出平安嶺。下流五十里。入松香河。

蒲孛河、源出平安嶺。有二源。故有大小蒲孛河之別。入松香河。

磂子河、有頭二道之分。下流三十里入萬里河。

萬里河、源出平安嶺。下流七十里入松香河。

湯河、源出山岔子東有煖泉熱如湯。故名之。東北流入頭道松花江。

鵝河、入湯河。

相傳河中有一神鵝。飛而能言。遇有六水。淹沒房屋。近河居者。前數夜。即聞鵝鳴。曰水災旱年曰大旱荒年曰歲荒豐年曰秋收一有兵燹曰亂亂亂屢試屢驗知者每聞鵝鳴即靜聽之而預爲之備可以避禍故名爲鵝河以示不忘云

橡樹川、北流入頭道松花江。

大淸溝、南入頭道松花江。

按光緒二十三年九月。伊通州眞派屈委員至湯河界放荒。先到大淸溝地方。經邸永和、陳標、勾串湯河曾房炮頭劉復盛、周材、葛江、三人。招集鬍匪王老窩、（陋俗碰大把頭年最長者曰大爺最幼者即呼之曰老窩）黃老達、張大棗子、大毛犇、丁木匠、等四十餘人。當將屈委員鎗斃。

七十四

並將屍身。及隨同七人。吉勝營兵二名。均墜於頭道江中。全行斃命。即當日湯河會房。當家的。幫當家的。（會首副會首之名稱至今稱呼仍舊儼然如酋長時代）不願設官。故暗中主使。始將屈委員置之死地也、

松花江、古粟末水。（即粟末部地方）亦名速末水。其大源有二。南源爲頭道松花江。北源爲二道松花江。周長白山左右。除㵾江、太平川、木石河、玉沙河。均在東南一隅。至山之西南麓、西麓、西北麓諸水。均入頭道江。山之東麓、東北麓、北麓諸水。均入二道江。（詳前兩江）所隔。曰平安嶺。（東南西北幹脈長約三百六十里）猶之鴨綠與圖們隔一南岡。頭道松花與鴨綠隔一龍岡。二道松花與圖們隔一老嶺耳。（老嶺龍岡南岡爲長白山脈之三大岡較之平安嶺長數倍）北源水出天池。曰乘槎河。北流下山二十里至礦泉。始名爲二道白河。下流百餘里。有娘娘庫河自東來合。即名爲二道江。實松花江之正源也。（二道江一名吉林烏喇又名混同江水道提綱以二道白河名爲阿母八兎里庫〇娘娘庫河上游爲五道白河源出大頂子山北流數十里有大荒溝自東南合東來之油松溝小兒溝二道磐水河頭道磐水河東北岔五小水入焉又西流有三道溝二道溝頭道溝三小水自東來注又西有四道白河自南來注又西有大沙河楊樹條子溝自北來注又西有三道白河自南來會又西會入二道江）兩源既

合。西南流北有青溝子入焉。折而西北。有富兒河合諸水自北來會。富兒河源出富兒嶺南流西有二道河子入焉東有大甸子溝入焉又東南流西有狠叉河入焉東有銀魚河入焉又東流南有東黃泥河入焉北有陽岔溝入焉又東有楊樹河子自南來注又東有柳樹河子自北來注又東南流南有小夾皮溝烏米河馬圈溝三小水入焉東北有大蒲芩河小蒲芩河西溝溝三小水入焉又東南流有古洞河自東北來合○古洞河源出牡丹嶺西北流東有五道陽岔小荒溝大荒溝汗憨溝入焉又西北流有大王磖子溝珠子營小柳樹河小銀魚河樓樓河諸水入焉西南有車廠子溝入焉又西南流東有榴樹河大醬缸諸小水入焉又西流北有東溝溝子入焉又南流與富兒河合兩水既合南流西有四岔子入焉東有大沙河合黃泥河子入焉又南有石人溝自西來注又南至上兩江口入二道江 又西流南有頭道白河入焉。又西有汗窰溝自北來注。又西有荒溝自北來注。又西北有露水河自南來注。又西有硝水河自南來注。又西北有浪柴河自北來注。又西有闊溝自南來注。獐山溝自北來注。又西金銀壁河自西北來注。折而西南。有二道溝自西北來注。又西南有五道磖子河自南來注。五道柳河自北來注。又西有四道柳河自北來注。四道磖子河自南來注。又西有三道柳河自北來注。四道磖子河自南來注。又西有三道磖子河自東南來注。又西有二道磖子河自南來注。又西有二道柳河自北來注。又西有頭道磖子河自南來注。又西有頭道柳河。合

七十六

西大淵、倒水嗨溝、二小水自北來注。又西有小夾皮溝自北來注。又西有二道溝合黃泥河子自東南來注。至下兩江口。有頭道江自南來合。

南源曰錦江。東與漫江成交尾形。共三岔。西南流有碎石溝自東來注。折而西流。有湯泉溝合濟水渠自東北來注。又西流有梯子河自東來注。又西北有熊虎溝自南來注。又西北有樺皮河合馬尾河自東北來注。又西有兎尾河自北來注。又西北有漫江自南來合。漫江源出長茂草頂北流數十里有小黑河自西南來注又西北有高兒河自東南來注下流至兩江口與錦江合 兩源既合。水勢漸暢。即名爲頭道江。西流有黃泥河自南來注。黃泥河源出圖頭山 又西南有塔河自西南來注。折而北流。西南有石頭河入焉。又東北流。東有板石河城廠河均入焉。折而西北。有湯河合諸小水自西南來會。湯河源出山岔子東麓有二源東爲寶馬川西爲炸子窰溝東北流有濟溝子城廠溝水洞溝蚊子溝馬鹿溝均自東來注順牛心頂子西北下流西有黑松河東有海清溝來注又北入頭道江 又西流。有大夾皮溝小夾皮溝均自南來注。又北流有松香河自東南合諸水至雙甸子地方來會。松香河水道提綱謂名爲古松花江河源出老旱河西偏北流有檔子河城廠河楙茂河二道河子三道河子大蒲苹河小蒲苹河均自東來注西有頭道河子入焉又西流有萬里河合頭道磖子河二道磖子河來合又西南流會於頭道江又西流。南有棒錘溝入焉。北有牛截溝入焉。又西北流。南有榆樹川、縮脖溝、大珠寶溝、二道花園河、一名雅哈河入焉。北有上雙溝、下雙溝、白草溝三小水入焉。折而北流。有頭道花園河合小牛溝、大牛溝、數小水。自西南來會。頭道花園河一名羅庫河源出龍岡之山岔子其南即渾江源也又北有海青溝自西來注。又北有那爾轟河台二水自西來會。又北有泥他哈河自西來注。又北而二道江自東來合。兩大源既合。水勢浩蕩。即名松花江。古名松嘎里烏喇北流受東南之三母石河。折西北流。有吉林哈達所發之三通河。會吉子嶺所發之柳河。以及山岔子西麓所發之蛟河蝦蟆河諸水。自西來會。水量愈加。又北有穆禽河自東南來。泥石哈河自西來。並注之。又北有裴河自東來入焉。又西北有扯法河合數小水西南流來會。又西北有馬煙河自馬煙嶺合數水東北流來會。又西北百二十里。至吉林省城。江水汪洋。舟楫儲集。俗稱船廠。同治四年。秘魯國之汽船。曾由黑龍江來泊於此。又北有溫得很河自西南來會。折東北經吉林城東而北。又折西北下流。有漢河自東來會。又北水分二派。一東北流。東受折松厄河。又

七十八

東北有鄂蘭河自東合兩水來會。折西經喀哈城南。一西北流。有鄒河自西南合三水來會。折東北流與東一派復合於喀哈城之南。又西北有查欣哈河自西南合二水來注之。又西北有喀哈村河自東來注。稍北有其他河自西南來注。又西北出柳條邊之巴煙鄂洛邊門之西。又西北有拖兒泥河自東南來注。又西北折而西南。有穆背河合南呼蘭哈達水。北流來注。又西稍北。有義屯河南自柳邊義屯門合數水來注。又西北經伯都訥城南。水中有巨洲。又西北百餘里。折而北稍東北流而嫩泥江自北來會。水勢浩蕩。折而東流。中有長洲。經阿穆達爾綏伯齊里烏都爾圖巴里西巴爾臺塔爾渾托輝各地方之南。又東經哈爾濱之北。又東北受木林河之水。南受馬顏河之水。又東北有瑚爾哈河。自寧古塔合諸水北流來會。而巴藍河亦自西北合四小水東流來會。水口如十字形。又北流有吞吟羅河。(即吞河)自西北合十小水東南流七百餘里來注之。又東北有鄂哈河及困達毋河自南來注。又東折而北。有烏爾河自西北來注。又東北有烏吞河合二水自西北來注之。又東有巨洲數十里。

又東南有杜兒河自北來入。又東有阿卜巴河自南來注。又東沙洲極多。又北分二派。一正北流。一東北流。百餘里與西北來之黑龍江合於查匪噶山之北。計江水綫長三千七百餘里。

按日本滿洲圖志云。松花江一名混同江。滿語爲松嘎里烏喇。有數源。皆發長白山之北支。鴨綠江之北。有大小圖拉庫河。合而北流。又與和通集河會而西北流。爲其東源。其南源名額赫諾因河。與東源僅隔一岡。合三音諾因河而北流。與東源合。始爲松花江。今尋松花之源。履勘殆遍。詳查地勢。證以土語。始覺稍有把握。彼所謂松花一名混同者。詢之土人。是二道江之古名。彼所謂有數源皆發長白之北支者。殊屬不合。蓋錦江三岔。與陵江東西隔一龍岡。源出長白之西南。何嘗發於長白北支也。彼所謂大小圖拉庫河。及和通集河者。現在並無此名。未悉係指何水而言。彼所謂南源額赫諾因河。與東源僅隔一岡。合三音諾因河而北流。會於東源。始爲松花江者。是以額赫諾因河。爲今之松香河。以三音諾因河。爲今之錦江也。如以三音諾因河爲錦江。其所謂數源皆發長白北支一語。則自相矛盾矣。攷之土人云、納殷部在二道白河三道白河之間。故有大小納陰河之名。日人名爲大小訥拉庫河。亦不知其何所見而云然也。就現時地勢攷之。有以娘娘庫爲古女眞國者。有以娘娘庫爲古納殷部者。該處尙有古塚遺跡。其爲女眞蓋無可攷。其爲納殷。似乎近之。日人足迹未經。訪查未確。據風影之談。而即率爾操觚。强作解人。其不爲知者笑也鮮矣。

按松花江合於嫩泥江。向東流。漸轉而東北。合於黑龍江。江流之方向。依然東北。且水量不讓於黑龍江。故不可不以松花江爲本流。蓋黑龍江水流方向。東而稍南。自與松花江合。則隨之而東北流故也。以黑龍江來入松花江。未爲不可。英人維廉孫氏。亦有此說。白山記詠有云。松花江上乘槎客。尋到天池信有源。

按松花江兩岸多黃花松。又兼松花落於江干。到處皆是。其順而下者。浮於水面。片片如花。故名爲松花江。

按鴨綠圖們松花三江論之。松花發於長白。水出天池。較之鴨圖兩江。源遠流長。寔爲三江之冠。

按江邊木把。多係華人。每年放牌。直達吉林省城哈爾濱洮南府等處。計其數目。較之鴨綠江。約占三分之一。

大旱河、出三奇峰之南麓。壑底無水。多沙石。順長白山根而西南。六里餘。至雲門。又有一壑揷入。直奔而南。至南阜。約三十里。始出水。名爲曖江。

土人云、前有武礉、蓬萊人。在曖江源結一樺皮小厦。經年餘。一日縱獵南阜。忽見旱河水勢浩大。波浪滔天。心疑之。登岸而上。行九里餘。聞水中鼓聲聒耳。驀驚人狂奔而返。約六里。水忽不見。惟河底一蛤。大如箕。不敢前。用鎗擊之。蛤不動。入河取之。負而歸。得一明珠。長可徑寸。繫腰中。塵不能近身。携過煙台。遇勞山一道人。以千金購之。武礉得金回籍不返。至今木厦遺址猶存。

又云、韓人李某長派人也。忘其名。夏日患目。携其二子之湯泉洗目。（湯泉有一洗眼泉洗之疾能愈）過臙脂山。失路。入大旱河。次子渴。無泉可飲。遙見河中。露有水痕。往吸之。水斜長尺餘。如仰月形。深不滿二寸。中有一白石。浮於水心。知爲海浮石。亦不之怪。伏飲畢。見石圓如橢。發寶光。手取之。體甚輕。堅潔可愛。獻其父。命什襲背夾中。抵泉洗目。數日歸。至家。李取石視之。見石上金綫纏腰。中有一隙。間不容髮。兩手擘之。石礫而碎。藕絲連貫。置之案上。兩石自動。半鐘許。脗合無痕。屢試屢驗。藏爲祕寶。不肯令人見。因命名爲雄雌石。

曖江、源出大旱河。其發源處。東有太平川一水。南流十餘里自東來注。又南東有白水渠。銀川溝二水入焉。西有桃葉津。柳陰溪二小水入焉。又南與葡萄河合流。即名鴨綠。產鮒魚。細鱗。

余夏日至此。見臭李子杆、滿樹皆花。宛如春日。白山記詠有云。想。是。天。公。有。花。癖。晚。花。只。爲。此。山。栽。

太平川、出南阜東南隅。西距曖江四里餘。下流十二里入於曖江。產鯽魚。

聖水渠、源出南岡。北距七星湖五里。在聖人廟前。西南流五十里入劍川江。

土人云、渠水清漣異常。較七星湖水。每斤輕二兩餘。

按渠北有板廟兩座。東爲天王府。西爲聖人廟。相傳前有界碑。後被韓人所毁。因修廟焉。余偕測繪員王猷芝露宿廟旁。詠之曰、孔子廟。修於渠上。野人願近聖人居。

柳陰溪、北距桃葉津九里。産金。

土人云、溝内多飛木。木把伐木時。未及砍倒而木自飛。每至二三十丈外。往往傷人不少。故名飛木。

劍川江、一名袍脫河。源出南葡萄山西南麓。（詳葡萄山）西南流百七十里。與暧江合流處。即爲鴨綠江。

世傳唐薛仁貴平高麗。歸渡河。軍士各脫戰袍。洗於河上。至今實泰洞西河崖。猶稱爲洗袍處。

鴨綠江、古馬訾水也。爲中韓界江。上游自暧江與劍川江匯流處。始命名焉。遼時鴨綠部。設於江右。江水西南流。右經長白臨江輯安寬甸安東各府縣界。左經韓之咸鏡南道平安北道之厚昌慈城渭源楚山昌城朔州義州各地方。入於海。長約千三百里。產魚種類甚多。

相傳北距長白山百九十里。有鴨綠部故址。十數年前。獵者每拾有殘磚碎瓦。借以築室。今亦不多見。

土人云、每年六七月間。大雨時行。江水暴漲。夜半往往見滿江火燭。紅燄觸天。聲如萬千木簰。順流而下。俗稱爲渤海龍宮採木。

按江魚極多。味美厚。韓人每用炸彈置江水深處。魚吞之即響。聲如洪雷。魚皆昏迷。自浮水面。每一斃多則千餘斤。少則百餘斤。四五十斤不等。查彈形同鷄卵。銅泡炸藥隱於內。外用蜂蜜白麵芝蔴合成爲丸。能斃江魚。亦能斃山獸。

按江兩岸多松。中日韓三國木把每年順流放簰。直抵大東溝海口。約有四千餘簰。將木用樹皮繩從兩頭貫穿綠如舟形不至散亂即名爲簰簰上有結樹皮舍者飲食宿臥皆在其中如船倉同 現在日人練成小簰。一二人即能轉放。較之大簰尤稱便捷云。

按江有上江中江下江之目。上游南流。右受二十四道溝。至二十二道溝三小水入焉。左受蓋滕溝通天溝等小水入焉。折而西流。右受二十一道溝至十六道溝。左受虛川江等水入焉。又折而西北。長津江自南來會。（江水廣狹相等土人名爲黑河）又有竹下洞川浦竹田各地三小水入之。右受闌頭山（即鼓嶺里山）等所發十五道溝及頭道溝之水。折而西南。經貓耳山（即帽兒山臨江縣在山之東南）之東南。右受趵突泉栗子溝六道溝十一道溝大荒溝太平溝湯子溝涼水泉諸小水。左受下無路乾者源慈城蔡封洞虛仁浦渭原楚山各處之水。又南西北有渾江自右岸來會。（即佟佳江）水勢稍加。由此南流。又屈曲西南流。左受別河碧潼昌城溯州之水。右受架板溝洨子溝大小黄溝三叉子長甸河安平河諸水。南過虎山。有靉河來會於右岸之老龍頭。東分爲二派。經九連城之東。義州之西。江底泥土與水色。恍若惝絲。下流六海里。至安東縣。水流復合爲江心之一洲嶼。（約有五千四百餘尺）由此而西南流。於三道藍陀之南。濺于嶺岡。再轉東南爲一灣曲。（該處江身頗大約有二海里餘灣曲內即三道藍陀檣帆林立可觀）東來彭梁里一水入焉。復折而南流。至大東溝之東。約二海里。至斗流浦西入于海。

按日人調記云。江有二源。一建川溝。一佟佳江。韓人亦云。江有二源一劍川江。一愛津。查愛濜即曖江。劍川江即建川溝。日人以曖江爲佟佳江。則謬甚。蓋佟佳江即佟家江。（因江邊有佟姓居者名之）在鴨綠之西北。相隔窵遠。（詳水道提綱）今之名爲渾江。即佟佳江也。

查韓國新地圖所註。鴨綠上流。右岸自頭道溝至十三道溝。以及寺洞地方。左岸至惠山鎭。（即協山城）以上均未註明。中日合辦森林草約所載。江之右岸自頭道溝至二十四道溝。由此而上至兩江口。西爲曖江。東爲劍川江。是鴨綠江之兩大源。而到者寥寥也。

余此次探鴨綠江源。係由上而下。分作三起。第一起帶兵一僕一引路人一。自白山三奇峰下大旱河。至南阜出水之曖江。約二十八里。越數日。率測繪員劉韻琴隊長謝湖恩等。自曖江源下至兩江口。（與葡萄河合流處）約百三十里。均屬步履陵谷崎嶇。並無鳥道。實爲人力所難通。此第二起也。又數日順江而下。過二十四道溝以及十九道溝。約百八十里。此第三起也。宿兩江口。白山記詠有云。二水居然合而一。鴨江汨汨向南流。又云、二十四溝明月夜。江邊露宿不知愁。

大浪河、源出南岡。西南與聖水渠成犄角形。共三泉。水勢浩大。實圖們正源也。東北下流六十里。與紅丹河合流處。始爲圖們江。

石逸河、源出南岡。東北距大浪河十餘里。下流三十里入大浪河。

紅土溝、在布庫里山南。源出老嶺。東南流十餘里。與弱流河會入大浪河。

按溝北岸有一官道。或云琿春副都統當日砍木修造。至今猶有遺蹟。

弱流河、在布庫里山東。源出老嶺。南流二十五里入大浪河。

紅丹河、源出北葡萄山。水流浩瀚。東北流六十里。與大浪河匯流。

小七道溝、南入大浪河。

伴仙溝、水出老嶺前之小岡。西距弱流河十餘里。入大浪河。

料雲水、源出北葡萄山北。偏西水極微細。入大浪河。

大馬跑溝、東南流入圖們江。

東石人溝、南入圖們江。

土人云、每至大雪時常見老幼男女往來溝中。如圍獵狀。見者登高一呼。溝內應聲如雷。霎時石人各就其位。如邀衆往觀。則百不一見。

紅旗河、一名紅溪河。源出黑山嶺。與荒溝成交尾形。東南入圖們江。相傳宋岳忠武北征至此。

按河口西距布庫里山百餘里。現擬設安圖縣治。實爲防邊陲守　國界保護根本重地之要政。

按此處設治圖們江流域。可保安全。況國界攸關。尤不得不極力整頓。以防日人之暗侵。（越江伐木）韓民之越墾。（越江來墾）

按此次所勘奉吉界綫。均屬以水爲界。雙甸設治在長白山西北。控松花江上游。紅旗河口設治在長白山東。控圖們江上游。猶之塔甸設長白府治在長白山西南控鴨綠江上游也。竊其形勢。宛如長白山之鼎足。誠以鴨江設治。爲森林之交涉。圖江設治。爲國界之關係。松江設治。爲消弭匪之逃藪。除會房之積弊。三處地點。均關重要。缺一即非完全之策。若此等地方。較之濛江樺甸兩處設治。所關之重奚止倍蓰。又安可等閒視之。致日韓人無中生有。垂涎蠶食。再出間島之第二問題。

按塔甸新設長白府治。係光緒三十四年張鳴岐李石臣兩太守奉委親臨勘訂。雙甸擬設撫松縣治。紅旗河擬設安圖縣治。係余與許味三參軍會同吉林委員劉作三大令奉委親臨勘訂。

石乘河、即西豆水。源出茂山。東北流二百六十里。下與紅旗河斜對。入圖們江。名爲三江口。

海蘭河、源出黑山頂。東南入圖們江。

按滿洲源流考云。金設海蘭路。（西北至上京千八百里東南至高麗界五百里）元設海蘭府。明設海蘭衛。均在海蘭河左右。其爲一處與否。未得其詳。

圖們江、即土門色禽。（色禽者即江源之義）爲中韓及沿海州之界江。上游正源爲大泿河。東與紅丹河會流處。始名圖們。東北流經二所三所長派各地方。左有三水來注。又東至二江口。西北有紅旗河入焉。西南有西豆水來會。（即韓之豆滿江）曲折北流。納西岸數小水。經茂山府西北。下流六十海里。受南來三小水注焉。會寧鏞城皆濱於南岸。大拉子（黑山）嶺之支山居其北。東流至韓之柔遠地方。有嘎哈河自西北來合。（海蘭河出黑山北東南會于嘎哈河）水勢漸大。南岸爲韓之穩城。折而東南流。成半圓形。至琿春城南。有琿春河入焉。又東經韓界慶興府東北之西水羅地方。入於海。

相傳遼時圖們部。設於西豆水入圖們江之河口。畊者每拾有箭頭古鏡等物。有云圖們部在紅旗河入圖們江之河口者。未悉孰是。姑誌之以待攷。

按土門圖們。字異而音同。其爲轉音無疑。東流與紅旗西豆兩水合。名曰三江口。蓋韓之名爲西豆水即昔之豆滿江。中之名爲紅旗河即昔之小圖們江也。三江會流。故名爲三江口。韓以大圖們因有土如門而名。是小圖們亦必因有土如門而後名之。有是理乎。蓋大圖們正源。曰大泿河。猶之濟之源曰沇。漢之源曰漾。其理一也。按遼宋時代。朝鮮僅有今之咸鏡道以南地方。至元時始予以圖們江南六鎮之地。明季仍舊。我　朝龍興東土。首收服長白東海渥集等部落。崇德二年。我師伐韓。一敗之于望京。再敗之于江華島。韓王舉國內附。奉正朔。定歲貢。故其土地版章。仍守前代舊封。未敢越雷池一步。

按中國　欽定皇朝通典。文獻通攷。均載明吉林朝鮮以圖們江爲界。又　欽定會典圖說。載有大圖們江出白山東麓。二水合而東流。小圖們江出其北。二小水合而東南流注之。余此次踏勘。紅土溝弱流河二小水合而南流。并非東流。惟大泿河與石逸河二水合而東流。由是而知大泿河實爲大圖們之正源。

按吉林通志。載有自三江口至小白山之界碑凡十。標曰、華夏金湯固。河山帶礪長。名爲十字界碑。記其距離里數均甚詳明。是十字界碑與穆總管所立之石。毫無干涉。

按該處華韓獵戶俱云三十年前補葡山下有一界碑。水渠前有一界碑。均被韓人所毀後即不見查兩處之碑其爲十字界碑無疑。

按日人守田利遠所著之滿洲地誌有云、康熙五十一年。烏喇總管穆克登。立有華夏金湯岡。河山帶礪長之界碑。是當日劃明茂山惠山之界。已爲中外所周知。否則日人方助韓人混界之不暇。而安肯指明爲十字界碑也。執此而問界碑存亡。韓人知。日人亦無不知之。

按穆總管咨文。有商議于茂山惠山相近之地。設立堅守等語。韓使朴權復文曰。職等以木柵并長久之計。或築土。或聚石。或樹柵。趁農歇始役等語。查韓之惠山鎮治。原在小白山東南茂山府治。適居三江口東南。今日人以韓之協山坡改名惠山鎮。其居心叵測。亦可概見。況當日所立之標。或土或石或柵。應在茂山惠山之間。而今則毫無遺蹟。果何爲者。

按韓使復文又云、定界以後。立標之時。無煩大國人監視。隨便始役。雖至二三年完畢。亦且無妨等語。是當日韓之立標與否未易懸揣。即或立焉。築土聚石樹柵均出韓人之手。并無華人監視。其立于東則東。立于西則西。又烏得爲國界之左券

按穆石與國界毫無關係。韓人以穆石爲口實。日人又立木標于石右。字迹模糊。是以穆石爲界碑也。不知彼以穆石爲憑。我以界碑爲據。參看穆石辯 界碑雖沒而文字猶存。十字界碑爲第一問題。又不能不質之韓人。何者。當日立時阻我監視故也。

按黑石溝南岸之石堆土堆。原係吳木訥登山記路所築。與分界無涉。況兩國公文明實。自分水嶺界碑處東流數十里。忽入石縫不見水痕。始接以土堆。繼以石堆。再以木柵。柵盡處水復現。始爲巨水。今余循溝踏勘。石堆居上。土堆居下。并無木柵。石堆以上無水。土堆終點始有水源。按圖索理。實與當日情形不符。又安得以吳木訥所築石堆土堆則混爲界標也。

按康熙時查勘韓境界之舉共有五次。十三年吳木訥査山至柄陰地方。壘土石于黑石溝南岸。十七年口口等登長白山觀闥門潭。二十三年勒楚等至鴨綠江上游。

爲韓人所殺。二十九年查山等由鴨綠江至圖們江南岸一帶地方。考此次禮部咨朝鮮國王文曰發祥之地關係甚大所差大臣查山等將冊前往詳閱而鴨綠至圖們南岸一帶俱係朝鮮驛站均行預備云云就南岸俱係朝鮮驛站一語推之則兩江北岸其爲中國無疑是中韓界線之濟由來已久五十一年穆克登設立十字界碑于分水嶺之中。詳盛京吉林通志及日人之滿洲地志由是觀之。穆氏勒石之地。自與立十字界碑之地。相距約有八十餘里迴不相同。又不待智者而明矣。

按今之名爲紅土山。即昔之長白山東布庫里山。今之名爲元池。即昔之布庫里山下布爾湖里。我朝發祥之始。實基于此。今韓執紅土山水爲圖們江。是有意暗侵我之根據地。曾前韓王派人到山役查勘地與叙立基于此被查桶董士信率衆阻回二次韓人爭之。日人助之。眞可謂無理取鬧之尤者。

按布庫里山下之布爾湖里。爲發祥之地。其山川形勢之靈秀。中外咸知。獨于物產尤有確據。蓋所產朱果。仙處不生。詳前此相傳日久。又爲余所親見親嘗之物。實有把握者也。

按韓人以黑石溝與弱流河相連。此言尤爲荒謬。蓋弱流河出自老嶺。黑石溝出自清風嶺。一左一右。中間隔一大岡。韓又以弱流河爲越流江。其意以爲黑石溝水越嶺而流也。不知黑石溝下游平衍無蹤。此次過韓人數名于溝上與之辨詰韓人皆結舌不能對抑何所見而知其能越嶺而流也。蓋越與弱字音相同。猶之土門即圖們也。夫弱流河在布爾湖里之東。如以此爲界江。是發祥之地。不爲我有。當日穆克登人雖至愚。亦決不致以肇基重地。拱手獻之外人。而甘爲千古不肖之臣子。至其受韓人愚弄於立標時。未經派員監視。致起二百數十年後之國際交涉。已屬失着。所幸者文字不滅。曰鴨綠。曰土門。曰分水嶺上。落落數語。確有可據。并未提及黑石溝南岸吳木訥所築之石堆土堆。即爲界綫。此我國際交涉上不幸中之一大幸也。

按日人守田氏云。圖們江發源於長白山南麓。分水嶺東麓。曰土門色會。水分二源。南爲石乙水。北爲下乙水。蓋石乙即石逸河。下乙即大浪河。可見紅土滸非圖們江源也。

按土門之歷史。以金源爲最盛。金史世紀。景祖兵勢稍振。統門水（近統門之水而居者）溫特赫部來附。又太宗本紀。天會九年。命以徒門水以西。和屯、錫馨、珊沁、三水以北閒田。給海蘭路諸穆昆。又埒克傳。埒克統門渾蠢水合流之地。烏庫里部人也。金史列傳作駝滿。明史地理志。又作徒門。水道提綱。名爲土門色禽。

高宗欽定金史語解、作圖們。蓋統門、徒門、駝滿、土門、圖們、皆字之轉音。今韓以豆滿江。源出朝鮮界之長山嶺池。與土門爲兩江。就水綫論之。土門、豆滿、上游分而爲二。下游合而爲一。蓋西豆即豆滿。大淟即大圖們。紅旗即小圖們。三江合流。中國因昔有大小圖們之名。故呼之曰圖們江。韓人因昔有豆滿之名。故呼之曰豆滿江。猶之黑龍江。俄人稱爲阿穆爾。（是指什勒喀河與額爾古納河之會流處下也）漢人稱松花江以下爲混同。滿人則稱爲薩哈連烏拉。至居黑龍江上流之鄂魯春人及瑪涅克爾人。則呼爲什勒喀。居中流之瓦爾喀人。則呼爲滿可。費牙喀人。則呼爲摩穆者同也。是豆滿圖們名爲二而實則一江而已。非然者、長白山南岡。發源之水。東南流千餘里入於海者。設圖們江之巨川。其孰能當之。

按明史地理志。徒門江、經建州衛東南一千里入于海。盛京通志、長白山東流入海者爲土門江。柳邊紀略、長白山在烏喇南千三百里。中略南流入海者有三。曰圖們。曰鴨綠。曰佟家。水入鴨綠詳前是東流入海之圖們江。與東北流入松花江之鷄林土門河。迥不相混。日人圖賴間島。遂以土門子河爲圖們江。其容心狡賴。夫人而知。蓋圖們江源出南岡。土門河源出吉林哈達。東南距長白山五百餘里。其方向實相左也。夫土門河之不能與圖們江相混。猶之長白山南之小白山。不能與吉林之小白山相混。吉林之小白山。又不能與朝鮮之小白山相混。其理一也。況土門河原名鷄林土門。圖們江原名土門。色禽乎名同而實不同。中外地名所見多有。此不待辯而易明矣。

按國際公法論之。國家之版圖。其本來取得者有三。曰增殖。曰時效。曰先占。其傳來取得者有六。曰交換。曰贈與。曰買賣。曰割讓。曰合併。曰租借。今圖們江東北之地。曰助韓而暗侵主意。令人莫解。何則。如目爲增殖。而我之長白部、圖們部、以及海蘭路。

古有其名。又不同島嶼之出現沙洲之長成也。如目爲時效。而我之吉林府、琿春城、延吉廳、敎化縣、設治有年。幷有刷還韓民越墾之條。載在卷牘。（光緒七年經吉林將軍銘安等奏辦將越墾韓民收入版籍經王奏請刷還兩國案牘昭然可考）又不同庫頁島之無人經營。而爲日人所得也。如目爲先占。而我之長白山東布庫里山。布爾湖里。實爲始祖肇基之地。況鴨圖兩江。在歷史上傳爲中韓界江。又不同西班牙發見美洲。葡萄牙發見斐洲。爲不屬何國之無主地也。至傳來取得之六事。均從兩國交涉上發起。而圖們東北一隅。向無交涉。又無屛斥。今日韓之混界。始用偸竊手段。繼用强盜手段。現又欲用無賴手段。以自命爲東亞文明之國。其行爲亦如孱弱之朝鮮。殊屬可恥。

按各國劃界論之。取乎形象者有二。一曰天然的境界。以山川湖海沙漠荒原爲境界者是。一曰人爲的境界。以兩國合意訂立條約確定標識者是。今中韓界綫曰鴨綠。曰圖們。曰分水嶺。皆天然的境界也。至人爲的境界。當日立碑築土聚石樹栅。均出韓人之手。原無華人監視。彼公法所謂兩國合意訂約立標。無其事也。現在天然的境界。宛然如昨。如必須歛設人爲的境界。自應由大湏河。直取西入鴨綠之塈水渠。兩國訂約。共同立標。派人確守。不致有遷移損毁之流弊。斯得其要領矣。

按長白山前後。重樹叠嶂。若小白臙脂兩山。曾前並無名稱。通曰長白。嗣經韓人相形命名。始有此名稱。至大湏河俗名爲大頭目江。（即大土門江之韓音）暧江俗名爲偎江。（以其偎兩岡流名之）荷荷山名爲界碑山。（以山南爲小國界山北爲大國界嵩之）迨光緒十一年。兩國釐界。又以荷荷山改名爲蒲潭山。韓人又改名胞胎山云。

按日人以保護韓人爲由。而欲膨漲其勢。斷開奪清鐵軌。借以防俄。又用暗侵政策。主使韓民越江來墾。預備公法上先占之地步。故于圖們江北。揑名間島。又名爲東間島。更于岡後湯河漫江各地方。揑名西間島。 興京鳳凰兩廳。爲南間島。韓邊外之夾皮溝樺皮甸子等處。爲北間島。推日之經營朝鮮。又圖南滿北滿。其得隴望蜀。眞可謂非非想矣。

按大湏河塈水渠二水分流。實爲中韓國界。但自光緒十一年派員會勘後。迄今二十餘年未經判決窺韓人之心明知其爲中國發祥之地而故意狡展欲將此地混作兩國之間田我國政府亦因界未勘定而不肯於行政上設想以致荒蕪至今毫無布置不知布爾湖里等處所關甚重無論如何決不肯讓人一步就目前而論圖們北之六道溝設有邊防局帽緣北之十九道溝設有長白府治均足爲對待外人之隄防而長白山東南一帶以

始祖所自出之根本重地而竟棄若甌脫吾知願入忠臣孝子傳者必不若是現在強鄰壓境著著爭先而國防經濟在所難緩烏得不設官殖民早爲籌辦以絕外人覬覦之心

按日韓國界至今未定明明日韓圖賴直同司馬昭之心路人皆知倘因此而開隙彼強我弱反授人以太阿之柄然事有公論天然境界夫人而知如以大浪河爲非圖們江源不妨照會日韓煩各國使臣共同前往會勘寔爲人証確鑿之鐵案否則駐奉天吉林及駐韓之北清元山津尙有數國領事均可輕車減從詳勘後代爲判

決。庶覺公是公非自有定論又不至謂華人言論自由則偏於華日韓人言論自由則偏于日韓也此亦國界速定之一道也

按日人保護朝鮮自有保護權力今助韓而圖賴中領是保護勢圈以外又添一圖賴埶〻陶倘日韓始終狡賴將來公法上不能免大書特書曰某年月日日人助韓混賴中國　龍興之地

按茂山地方現有日人伐木運簰由江達海售諸海山崴等處之商民

按會寧地方向爲華韓人之貿易場其規制每年於結冰後開市近因兩國協議廢定期開市許自由交易故現時不僅會寧一處而已

按穩城以西江水淺而狹慶源以東江水深而廣

按中俄界碑曾被俄人暗移（土人云由俄屬河北移至烟鐵河南暗侵中俄一千八百餘里）其圖賴性質已爲全球悉知今穆石之文原與十字界碑不同其立石與立碑之地點又不同其立石與立碑之日期更不同（詳穆石辯）謂韓毀界碑是所必然謂韓移穆石未免作法自斃禍中國

正所以福中國也。況兩江南北爲界。歷史纂詳。以我　邠岐重地。竟任其信口雌黃。借以狡賴。有是理乎。

按圖們江下游之北岸地方。物產富饒。田皆膏腴。日韓垂涎日久。故先毀界碑以滅其迹。又捏名間島以亂人聽。其存心叵測。婦孺皆知。今欲判決間島問題。亦必先從圖們江上游大泿河至紅水渠地方。重勘界綫。再立界碑。爲入手之基。何者、上游界址已定。下游勢如破竹。日韓雖狡。吾知其死於公理。而亦莫可如何。

按光緒元年以來。韓民越江北來墾者日多。七年吉林將軍銘安。督辦邊防吳大澂。奏准將越墾韓民。分琿春敦化管轄。入我版籍。八年韓王　奏懇願流民刷還。奉諭旨准寬予限期一年。悉數收回。以示體恤。十一年七月總理衙門　奏派員勘界。十二月勘界員德玉秦煐賈元桂會同韓使李重夏親往圖們上游查勘數次。只因韓使狡展。至今終未定界。當時均以爲魚允中一人所誤。而不知韓使之受賄于越墾韓民。故極力圖賴。以致反覆無常也。

附穆總管咨朝鮮接件使朴權觀察使李善溥。立碑設栅之文。及朴權等復文於後。末附穆石辨一則

文曰。爲查邊事。我親自長白山審視鴨綠圖們兩江。俱從白山根底發源。東西兩分流。原定江北爲大國之境。江南爲朝鮮之境。歷年已久不議外。在西江發源分水嶺之中立碑。從土門江之源。順流而下。審視流至數十里不見水痕。從石縫暗流。至百里方現巨水。流於茂山兩岸。草稀地平。人不知邊界。所以往返越境結舍。路逕交雜。故此與接件觀察同商議。於茂山惠山相近此無水之地。如何設立堅守。使衆人知有邊界。不敢越境生事。時康熙五十一年五月二十八日也。接件使朴權等復文。略謂大人查明交界。分水嶺中立碑爲標。而又慮土門江源暗伏潛流。有欠明白。中略以立栅便宜。俯賜詢問。職等以木栅非長久之計。或築土或聚石。或樹栅。趁農歇始役。唯至二三年完畢。亦且無妨。時是年六月初二日也。據朝鮮承文院故實

韓使李重夏所記節略。其末二段。一總論此案。朝鮮非欲爭土於上國。其情特出於越墾流民衆多。欲一一刷還。則無寸土可以安插。欲收入於上國版圖。則恐强鄰援以爲例。若一聽吉林之驅逐。則其民必盡入俄地。所以屢年招撫。無計可安。既有白山之奉

旨立碑。故欲借是而乞得寸土。以安插貧民者也。上國顧何惜一坏空棄之土。不容朝鮮流民乎。朝鮮亦不願多得。但借得沿江。或十里。或五里。遠不過二十里。隨貧民所居。而借地照奉天例。設木柵以限之。俾得安插。則實

皇朝聖天子一視中外。若保赤子之恩也。一圖們江越邊幾十里地。自鴻荒以後。至今未嘗有人居。（其地由我朝入關始封禁前爲東海渥集各部韓使云自鴻荒無人居殊屬不合蓋江北之樹木不過二百年前物耳）朝民則只緣本土之窄狹。無可耕處。爲飢所迫。往往越墾。而若自上國一倂刷逐。則此地依舊空棄而已。決無華民來墾之理。吉林琿春之間。土廣人稀。雖沃野平疇。皆爲荒棄。而誰肯遠過幾百里。耕墾於江岸沙礫之地乎。在朝鮮則視爲命脈。（下略）

穆石辯

嗚呼、中韓之界碑亡矣（指十字界碑而言）亡於衛衛山下查邊之穆石見矣見於長白山南亡者無跡可尋見者有文足據大荒之中留有片石未毀於採（採薓採藥）獵牧樵之手其落落數語猶足判決二百數十年後之國際交涉問題此誠可驚可喜者也

說者曰、穆石原立於小白山頂後被韓人遷移以爲混界之由此韓移之一說也或又曰、如其存之不如毀之以滅韓人之口此撰毀之一說也或又曰、彼移於此我移於彼以暴易暴使韓人莫可如何此又主移之一說也如此三說是以穆石爲界碑界碑即穆石也不知界碑之文（華夏金湯固河山帶礪長）實與穆石不同穆石者乃穆總管查邊後勒石自記者也盍即其文而詳細譯之考石文書烏喇總管穆克登

奉

旨查邊至此夫日烏喇總管穆克登是單銜直書并無雙銜會勘字樣曰奉

旨是遵

仁廟諭旨。與彼國無涉（此去特爲查我邊境與彼國無涉是五十年五月諭旨）語氣。曰查邊。是本國之邊。（如關外六邊之類）就便查驗。並非兩國共同劃界之詞。曰至此。是本國地方。嘗其遠而能到。而嘗與朝鮮無干。石文書審視西爲鴨綠。東爲土門。曰審視。是審度遠視之詞。曰西爲鴨綠。東爲土門。是指我國之邊。以兩江爲天然邊綫。并非謂石西即鴨綠。石東即土門之詞。石文書故於分水嶺上勒石爲記。夫曰分水嶺。即非短嶺可知。其不曰於分水嶺之中立碑。（穆咨韓使文中有在西江發源分水嶺之中立碑一語）而曰於分水嶺上勒石。可見分水嶺以上地方。必非分水嶺之中。燎如指掌。曰勒石二字。自與立碑二字不同。曰勒石爲記。是個人勒字石上。以作記念。又不同兩國合意訂約立標共同認可之詞。細玩石中數語。原係我查我邊。既無分界名目。又無會勘明文。更無鈐押憑據。又烏得混爲界碑。況穆之咨文。既曰分水嶺中立碑。又曰茂山惠山相近處設立堅守。其互相商議。時在康熙五十一年五月二十八日。而穆石之立。時在五月十五日。是此石之立。較之商同共立界碑之時。尚早十三日。又烏得以穆石爲界碑也。

即就穆石所立之地點論之西曰大旱河東曰黑石溝大旱河無水與咨文在西江發源分水嶺中立碑之語已屬不合又兼黑石溝有水之處無多下游平衍無蹤窺其形勢似與三道白河相連（係松花江之南源）以之爲土門江源中隔老嶺其與大浪河（土門江源）兩不相接人所共見如以穆石所立之處即爲兩國界地是與石文西爲鴨綠東爲土門之語則大相背謬又烏得以穆石爲界碑也且夫古今中外所恃者公理而已如以穆石爲界碑何以石上横書大清二字并無朝鮮二字直書康熙年月日并無朝鮮年月日至未書朝鮮某某官某某人誠以當日朝鮮爲我國附庸又奉

旨有倘中國有阻令朝鮮國稍爲照管之諭故穆氏於隨來之韓人附名石上實仰承

朝廷一視同仁之意其書朝鮮也實如書烏喇同其書某某官也實如書總管同其書某某人也實如穆克登同詩云普天之下莫非王土率土之濱莫非王臣穆氏之意其在斯乎且也私勒之石與公立之碑其文字不同原有確証否則當日所立

十字界碑又作無用之物有是理乎日人守田氏所著滿洲地誌明言中韓以十字界碑爲憑今穆石之文於十字之中毫無一字而欲混穆石爲界碑是韓之恃日直同嬰兒恃母其圖賴佗賴無所不至也噫、界碑既沒而穆石猶存倘能就石文所載按兩江水綫溯流窮源直抵分水嶺中自能知當日界碑所立之地是無碑直同有碑也鄭樵云、疆域隨時變遷山川千古不易借穆石以尋立界碑之地咨商韓國共同立標合議訂約而日人助韓暗侵間島之主意不得施而我

朝

始祖發祥之布爾湖里等處可以守穆氏之功偉矣哉故直斷之曰界碑亡於葡萄山下穆石見於長白山南實我 國不幸中之一大幸也因作穆石辯以爲將來勘國界者之一助

老嶺、長白山之發脈也中幹起于東北海隅爲錫赫塔阿林山西南經沿海各州又西爲通肯山又西爲老爺嶺（分走北偏東一支界乎松花烏蘇里兩江間者爲完達山山脈）又西南爲延吉岡（即延吉廳地方）

一走西北轉而東北在胡爾哈河邊西者爲小白山山脈又折而南爲南嶺。又西南爲平頂山。走西北一支爲牙錢哈達又南爲黑山嶺。又西南爲老岡。東南走一支爲布庫里山又西南爲龍山。又南爲連山。南走一支爲南分水嶺即南岡脈折而北爲淸風嶺。又東北爲雞冠岩。始結長白山。由通肯山至長白山幹綫長約千三百里。

黑山嶺、在長白山東北。係老嶺之幹脈。爲大荒溝紅旗河之分水嶺。

土人云、百餘年前。有人晚過嶺下。仰視嶺頂向西南斜湧泉水色同墨汁。候兩鐘時分。始止。越數日復過嶺下。狀仍如前。遂登而視之。至則見嶺上水道中多鐵屑焉。及三過嶺下。則不見矣。

按山東南一隅。多紅葉。白山紀詠有云。黑山無恠石。紅葉待詩人。

東古城、東距馬鞍山十里餘。

光緒三十二年。有農夫在城中芸豆。見隴內露有金光。當時疑爲礦石。越數日。遙望田中寶光屢現。就而覦之。一無所見。退十餘步。光明如故。以鋤芸之。銅印出焉。長約

一百〇十

二寸。龜紐。文皆古篆。不能辨。藏之數月。聞被避防局吳君索去。

土人云、城中多怪異。行人往往見之。道光初年。有樵夫甲乙自城中過。時值三月中旬。皓月當空。忽見樓若者。堂若者。坊若者。煥然聿新。無一人來往。二人相顧失色。急辭而西。出城外。遇一公園。奇花異卉。多不識名。甲曰、盍往觀之。乙尾隨進。古松掩映。危石嶙峋。尋竹徑入深處。陡然豁亮。亭台宏麗。琴聲、書聲、球聲、歌聲、笑語聲、步履聲。皆入於耳。若千萬人萃於一堂。二人囑垣而聽。霎時寂然。約半鐘許。聞一人登台宣講曰。漢平帝元始元年。予至羅馬。見一少年。骨格異常。有神駿氣。與語不解。手持木棒。就地畫字。半係李斯小篆。惟形同蛇蚓者十有二三。不能辨亥豕。予亦筆談。問漢時何年予答以元年問集若干日為一年予答以三百六十日合天三百六十度問三百六十日何日可以休息予答以易有之七日來復復其見天地之心就天論二十八宿中房虛昴星四星輪流每至七日不見就人論七日不飲不食決無生理是計至七日即可休息問漢人誰敬予答以敬天問漢人何學予答以學藝其餘遂問遂答。無一駮詰。渠皆筆之於書。故至今西歷一千九百餘年。奉爲圭臬。毫無變更。名曰東來法。可見西人之篤於學也。吾人如能若此。何患乎不自强。衆皆鼓掌。旋又有一人演說曰。予遊歷泰西各國十九年。始知歐美歷史。曾聞西學名儒告予曰。中國大學。缺少格致一篇。考其原因。當日曾子沒後。其僕名西耳者。來遊吾域。將格致篇之竹簡。製作書笈。負之歐西。被吾人譯文。傳育於國。至今奉爲祕本。不敢漏洩。猶之太公陰符。貴國珍藏不露也。就此一端。西人格致上的工夫。是反客爲主也。其好學之專。守法之嚴。不無可取。衆又鼓掌。甲乙聞所未聞。喜不自禁。亦因而鼓掌。未幾。景物全非。而滿天星斗。仍在目前。駭而返。東方既白。逢人說項。衆以爲異。

與凱湖、西北距蜂蜜山二十里。水面周圍約八百里。相傳

聖祖北征至此凱還。

土人云、康熙朝。湖邊漁戶。夏日見一白人自水中出。赤身無衣。縷毛髮皆白。食魚蝦。

不食菽穀。操鳥音。人不能辨。雜漁戶居月餘。稍通華語。自稱世居南冰洋。間北冰洋名勝甲乎全球。欲往觀之。遂從地中。順水而行。水道高下曲直。無異陸路。惟居戶數目。較人世不過占百分之一。所過都邑無多。惟公休園地面繁華。迴異尋常。樓臺亭榭。半係銅牆鐵壁。每間下有十六鋼輪。多至三十有六。隨地推轉。一遇回祿。移此遷彼。無受殃者。留數月。始悉爲貪婪官吏。得意告退之藪。園之東十餘里外有一阜。環阜左右。蓬戶柴扉。滿目荒涼。人名爲虛心里。皆廉吏退居林下者。里南有一大山。曰鏡中山。下有一泉。曰大別泉。向西北流。水纔半清半濁。歷歷分明。他若雙頭鳥。六足獸。均出山中。餘物與世無殊。至各處水性。熱如湯。涼如冰。甘如醴。苦如荼。種種不一。因地使然。閱六年。忽失路至此。不料被橫天石支隔。不得進。故出水以辨方向。現欲地理。仍須俟明春。繞越星宿海而前。計二年工夫可到。漁戶竊笑。呼爲怪物。相安日久。忽於臘八。山烈風雷雨。雹大如斗。湖水高百餘丈。衆漁戶駭懼間。突起無數藍火。忽而捲。忽而箕。忽而樓。有億萬計。周圍白人。似恐迯遁狀。倏聞如泣如訴。有白人求救聲。無何木拔屋飛。衆皆昏迷。被風吹起。不知所之。次日衆返。四圍皆水。漁戶有以白人爲龍者。有以爲水怪帶羿潛逃者。未悉孰是。張秀山州駕言之竟夜甚詳。

又一湖西南距輿凱六里周圍二十里

龍岡、幹脈起自長白山之伏龍岡。南行三起三伏。爲章斐嶺。折而西南。爲長茂艸頂。（發江□于西北廿四至廿□發源于東南）又西爲鬧頭山。（即敦□□山十九至三□發源于南）又西爲長岡。（分走西南一支爲貓耳山之坐平崗界乎鴨綠渾江之間）又西爲山岔子嶺。（一名大山渾江以及八道江發源于南湯河花園河渾江發源于北）又西北爲黑林子。（分走東南一支爲鋼山嶺分走西北一支爲金廠嶺）又西北爲龍林哈達。至此南趨一幹。爲南分水嶺。北趨一幹。爲北分水嶺。中幹西行爲起塹山。又西稍北爲天柱山。又西北爲隆粱山。（中幹三山爲三陵之坐山）南幹直走旺清。（分走東南一支爲摩天嶺爲鳳凰山）折而西南爲千山。又南支阜分岡羅布于遼海。蔚復各州縣。結金州半島。伏入海中結鐵山。又西南結城隍大小欽磯高山長山各島。登陸直人遂萊縣境。以棲霞之翠屏山爲左翼。至芝罘口。爲芝罘山。以棲霞之吞山爲右翼。西北至黃海營之海口。爲海岶島。其正脈起伏盤旋。由東北達于西南。始結而爲泰山。北幹曲曲而北。經柳河海龍開原東平西安伊通昌圖各府縣界。爲東西流水之分水嶺。又西爲公主嶺。又西北爲哈爾巴山。伏入蒙古科爾沁旗界至巴林迤西。分爲三大支。一趨東北爲興安嶺山脈。一趨西南爲陰山山脈。其正脈直抵西北科布多地方。爲大亞爾泰山山脈。就龍岡之小幹言之。蜿蜒如龍。由長白山至瀋陽。長約一千五百里。

鰲頭巖、在噯江西岸。北距長白山九十餘里。

橫山、在二十四溝之北。山橫如嶺。下皆黃松。俗名橫山派子。

余過此突遇四熊。未肯放槍。行四里許。又遇一鹿。經隊官謝鴻恩連槍斃。曬鹿脯四十餘觔。過長白府。被設治公所諸友分食。臍有鹿筋一束。與朱子橋觀察王理堂太守李筱華刺史程虔青司馬張少齋大令汪子寔孝廉烹食於瀋垣第一樓。味美厚。與平日所食之明筋不同。

長茂草頂、爲龍岡之首。東北距長白山百里。漫江發源於西北麓。

團頭山、即玆德里山。一名甑頭。南距長白府一百八十里。三溝、八溝、十九溝、均出山南。產人葠。

土人云、山上有黑毛獸。身長半尺餘。毛色黑長四寸許。其行如飛。數年前有獵夫鎗斃其一。被西洋人用百金購去。但此獸甚少。獵夫有終身不得見者。

又云、山後飛鼠頗多。蓋身如鼠形。惟前腿兩旁生翼。能飛云。

又云十數年前有一放山者。用松枝作架。爲一小厦居之。一日將赴帽兒山購靰鞡等物。忽一童子至厦。與語。囑令帶一草帽。放山者疑而諾之。赴帽兒山購帽。回越三日童子至。稱謝取帽去。面邀明日過東溝一談。放山者明知童子非人。次晨往觀其變。抵東溝。遙見草帽在林中。近視之帽掛於八披葉之葠上。取出身如人形。約重十二三兩。後赴營口。千金售於南客。

又云、光緒二十一年。高麗許了頭酣於酒。被其父逐出。赴漫江營投親。路經山下。遙見山上獵者數十人。各被襏襫。持鎗械。狂奔呼躍。踴詡自得。惟人軀短小。心疑之。挺身向前。高聲喊問獵者爲誰。轉瞬不見。許自覺遇鬼。但身至山半。不得不前。行四十餘步。見人蔓滿山。多佳者。刨得七十餘苗。大者有十六兩之重。日將暮。思投宿山後。明早再採。遂下山投宿。次晨復往。惟有窮巖絕壑。餘無別物。

二十四道溝、南距二十三道溝九里。產金。

土人云。溝內多飛木。木把伐木時。未及砍倒。而木自飛。每至二三丈外。往往傷人不少。故名飛木。白山紀詠有云。恠底深山多魑魅。木頭無翼也能飛。

長白府、在鴨綠江北岸。唐塔之東南。與韓之協山城對岸。光緒戊申　奏設。

唐塔、在鴨綠十九道溝之梨樹溝口高阜之上。阜形如龍首。

相傳唐時建修。塔底甎方可盈尺。泥質不甚細膩。塔頂明時被烈風吹折。今尚闕如。

土人云、十數年前。潘姓見塔前有一石碑。甚小。上勒篆文。不能辨。後被韓人損毀。查此塔建立已久。或云尉遲敬德所築。或云薛仁貴所築。或云劉仁軌所築。碑乢無存。未易考核。惟所稱皆係唐人。其爲唐塔無疑。余自白山歸。登塔眺望。見塔內有一木牌。上書朱字。近視之。乃李石臣太守懷古詩七律三首。中有夢裏飛熊探雪窟。眼前驚馬駕冰舟。及膽落三韓憑妙算。功收一箭靖遐防之句。讀之而九部河山。三韓風雲。宛然如在目前也。塔後有一池。池旁荆棘删淨。即張鳴岐太守擬修草亭於上。名爲京祜亭云。

虚川江、在韓界內。西北流至惠山鎮迤西。入鴨綠江。

余南渡鴨江。至惠山鎮。見韓人受日人之凌虐。無奇不有。令人浩歎。白山紀詠有云。幾渡鴨江、幾流涕。三韓是我一前車。又云、不見朝鮮同印度。齒寒纔覺兩唇亡。因韓民越墾。又云。惱恨三韓風雨急。不時飛過大江西。

萬寶岡、東南距長白府八里。產鐵。

十五道溝、西北入鴨綠江。產白金。

唐溝、在十五溝十九溝口。皆有遺蹟可考。

相傳唐征高麗。所劚之溝。前在天津聞合肥李文忠公曾言。鴨江右岸有唐時戰溝。

今見此溝始信其確有攷據也

長津江、韓之巨川也西北流四百餘里會於鴨綠

余自長白踰渡長津見日本之江巡與華之工人（係日本雇覓之工人）渡者往來不絕韓之舟子金姓任其呼喚不敢稍懈舟至江心日人唱謌韓人和之可爲無恥之尤白山記詠有云貓山（貓耳山）鴨水（鴨綠江）水商多半是華工半是倭韓士不知亡國恨橫舟猶唱渡江謌

二道溝、在臨江縣東南流入鴨綠江產白金

臨江縣、西北距貓耳山（即帽耳山）六里在頭二道溝之間其先爲帽兒山巡檢衙署後改設縣治

余五月至臨江見市場交易半屬韓民白山記詠有云江邊只有千餘戶五百華人七百韓因臨邑無車又云、城中自古無車迹東道難於蜀道難八月自白山返臨盪平嶺路已脩有盤道始聞車聲又云、兒童不識爲何物看罷歸來問父兄

貓耳山、一名帽兒山。在頭道溝西山。起雙尖。形如貓耳。高約六里。

雙松嶺、一名椴抱松。嶺在邊平嶺東南。

戊申五月二十九日。余偕勘界員許味三參軍劉作三大令測繪員王君獻芝等五名。及隊長謝鳴恩。隊兵蘇得勝等十六名。早起渡嶺。細雨淋淋。山道泥濘。謝隊長率兵二名引路在前。余等騎驢隨後。至嶺下約半里許。前一水渠有三熊伏渠飲水。適當艸道之中。謝回顧告余曰。前有數熊當路。放鎗嚇之若何。余曰善。囑衆下騎。各持短鎗以待。意必逃遁。孰料猛熊負隅四顧。若無事者。然隊兵劉五連發三鎗。熊咆哮跳躍。樹木震動。山鳴谷應。騾馬戰栗。有逃奔之狀。余囑衆各吹警笛。有數兵居後。聞笛聲急追而至。爭赴渠邊。連珠齊發。鎗聲熊聲樹聲。雜於荒山峻嶺中。內有一兵名郝金。年壯有膽。勇往直前。被倒木掛跌。一熊臂受鎗傷。疼痛難忍。勢欲噬人。奔躍坐郝身上。爪抓郝腿。口咬郝足。衆皆情急。怒目視熊。而鎗不敢發矣。幸有劉什長鎗法甚善。迎熊口急放一鎗。而熊即翻身而死。郝亦不省人事者片時。余與勘繪諸君親爲調藥搽之。郝始知被熊所傷。遂將熊剖腹取膽。割掌而棄之。當是時也。猶聞二熊哀啼。鳴聲震耳。衆兵仍思尋擊。余止之。因告之曰。此次長白之役。虎狼熊豕到處多有。嗣後再遇。非沓鎗者不准前。恐無益而有害也。否則喊嚷使之驚避而已。切不可輕敵。衆皆韙之。叢鎗斃之熊。重四百餘斤。是一雌熊。腹中有一道白花如帶。俗名花腰。性最猛烈。慣好傷人。其餘二熊。係乳熊。奔入林中。只聞其聲而不見矣。

珍珠門、東北距雙松嶺五里。白石壁立如門。在臨江八景之一。

趵突泉、在珍珠門西偏南。亦臨江八景之一。產金。

相傳數年前。有韓民私在泉邊淘金。深丈餘。忽見高粱稭一束。橫於沙底。兩頭露有灰痕。取出燃之。有硫黃氣。較之他稭火光大數倍。衆皆不知其所以然。岳守備京忠曾親見之。按此稭與炭壓之神炭大致相同。余以爲神炭係被荒火焚後。爲塵土掩埋。千年不變。迨被河水冲出。故仍有木炭性質。至沙底之粱稭。亦係數百年前有人在該處淘金。野宿燒稭。未盡被沙塵壓於內。今被人淘出。即以爲異耳。至火光大於他藉。抑或爲地氣所侵之故。姑錄以待考。

盪平嶺、東南距臨江縣四十五里。

按由林子頭地方至臨江。嶺岡高峻難行。戊中年。經張李兩太守。督率工程隊創脩盤路。車馬可通。建立兩碑。文係徐菊帥所作。現正招覓工兵。接脩長白。嗣後行人無東道難之嘆矣。

西石人溝、在八道江東。

土人云、上有大士像。羅漢像。長眉像。鐵拐像。怒目金剛像。如來和尚像。望之若千佛。坐臥種種不一式。令人可遠觀而不可褻玩焉。每逢大旱。石人遍體皆潤。與平時不同。人名之曰石人汗。又曰石人淚。

山岔子、一名大山。又名三岔子。南爲渾江發源之處。

余過此早餐曹姓家。白山記詠有云。轉過山頭聞犬吠。兩三間屋野人家。

夫餘王碑、在輯安縣東五里。

按碑方形。上銳下豐。高兩丈七寸。凡二千餘言。用隸書。周刻四面。多敍征服百殘新羅戰績。蓋東晉時夫餘永樂王之墓碑也。

渾江、即佟家江。源出山岔子東南。共八源。合爲一江。南流四百餘里。至渾江口入鴨綠江。

按每年木把放木於江中。約有兩千餘簰。

通化縣、在渾江西北岸。

余五月間過 興京通化連環之處。每見韓民耆種水田。白山紀詠有云。看山山不斷。山氣映斜暉。檢淡爭嵐翠。梨花帶雨肥。偶逢仙客過。間自揷秋歸。更有天然趣。泉聲入耳微。

大苗溝、在通化南。長九十里。

土人云。溝內多毛人。光緒三十二年七月間。有一農戶郭姓。夏日農忙時。家中留一童。年十二。一女年九歲。看守門戶。日夕時。忽有一物遍體皆毛。開門入室。見鍋台有一猪油罐。啓蓋食之。童情急用棒擊之。物用一爪執菜刀。一爪捉童髮。將項後連推數下。血湧出而踣。女哭尋家人。李某老幼奔回。遥見物從谷出。四體著地。一農夫用石抛擊。物起狂奔。如人行狀。追之、不及。後童傷就痊。人呼物爲毛人。或曰猩猩。未知孰是。

鋼山嶺、脈出龍岡。有南北嶺之分。長約百三十里。

歡喜嶺、在通化縣三顆榆樹地方。相傳

太祖被敵兵追至柳邊門。三日夜未得一餐。軍士饑餓不能起。勢將解散。適至嶺見榛樹極多。爭摘榛仁而食。屯兵半月餘。復攻邊門至興京。凱旋。軍中呼爲歡喜嶺。後山東張總憲振鄴年伯談及曾前視學奉天時。亦聞此語。

芙蓉江、一名吳兒江。源出龍岡之金嶺。前東南流百五十里。至察魚川。入佟家江。

舊門、一名柳邊門。又名九邊門。在南分水嶺上。

土人云、明季關梁通。將邊展至新門。按關梁通、係鑲白旗閑散人。

相傳明熊大經略廷弼三過此門。

汪清門、一名旺清門。西北距舊門十五里。

相傳

國朝興兵。每出此門。即得勝。故名爲旺清。

旺清河、與蘇子河成交尾形。東南廿里入吳兒江。

相傳明兵追大兵至河上。忽起大霧。聞兩岸人馬喧闐若百萬雄師屯於河上。疑爲伏兵。不敢前。退百餘里。偵者至並無一人。遂目爲神助。所謂草木皆兵者信然。

蘇子河、源出柳邊門之分水嶺。在起運雞鳴二山之間。

渾河、古名小遼河。源出英額嶺。西南西流入遼河。

相傳大兵將馬糞置諸河中。河水皆渾。明兵見馬糞浮河上。數日不變。疑爲大兵必多。遂生懼心不敢進。英司窪和鄉世叔言之鑿鑿。

鷄鳴山、脈出龍岡。西北距
永陵十五里。爲向山。
烟筒山、東偏南距鷄鳴山十二里。爲
永陵之輔山。山頂東北特起一石。高五丈餘。方形。中有石棧二道。如接成者。遠望之山似鞍形。
永陵我
朝發興景顯四祖之陵。坐起運山。向鷄鳴山。前有玉帶河。後有鳳凰嶺。左有烟筒山。爲輔。右有老龍頭爲弼。眞天造地設。龍興之發脈也。中有古榆樹一株。大數圍。向東南斜側。橫生十二枝。均極條暢。人皆奉爲神樹。前有下馬碑兩座。光緒二十二年。余將投効奉天。表兄徐東甫大司馬贈食品羽扇。并詩數首。中有一聯云。弟欲走尋龍岡脈。渡遼先謁
老皇陵。今十二年矣。回首思之。如在目前。

一百廿六

皇寺、西距老城二里。實鷄鳴山之脈。岡形如碓。
興京、土名老城。西距
陵街八里。有土城在蘇子河南岡。其形如甕。實我
朝發祥之根本地。
陵街共二處。 陵之東爲東街。 陵之西爲西街。
松子宮山、脈出龍岡。南距
永陵二十里。
起運山、一名老龍頭。實龍岡之幹脈。山嶺高起。至蘇子河如龍頭伏河飲水狀。實
永陵之坐山。
青龍山、東距起運山四十里。俗名馬耳墩嶺。
古墓、在
永陵朱牆東有二墓。南有一墓。至今猶存。

曹家營、在老嶺頭西四里餘。

佟家營、在曹家營西。

鳳凰嶺、東偏北距起運山二十里。形如鳳尾。

行宮、現被蘇子河沖毀大半。

夏園、一名下院。又名象園。東距

陵街八里。

小園、東距

陵街五里。

櫃石哈達、北連馬耳墩嶺。石立如板櫃形。

土人云、明季鐵背山後佟姓。在老城市上。遇一老者。鬚髮皆黃。身短小。聲如洪鐘。與語荅。邀之同行。至馬耳墩嶺。老者曰、此處離吾家不遠。如不見外何妨小住爲佳佟諾之。不數武。至櫃石前。見石如門立。老者從腰中取鑰開門。揖佟入。佟躊躇不敢進。

老者以手推之同入。旋將門關閉曰、恐小兒輩偸開惹是非。不得不爾爾。佟隨行三里餘。遇一溝。水黑深。上有獨木橋。窄不盈足。佟懼而止。老者曰、無妨也。手挐佟袖渡。又半里許。崇山峻嶺。都是羅叢鳥道。轉過山角。又有一江。奔流甚急。岸旁繩攬衛護。獨木舟名老者解繩持篙。囑佟穩坐。移舟水中。浮波上下。順流而西。約十餘里。遙望茅舍數椽。傍舟登岸。尋曲徑前往。二里餘。見稚子候於柴門。老者曰、此敝廬。聊蔽風雨。延之坐。晉以茗。味甘冽。酌以酒。氣溫香。又令其子弟輩出見。居數日。佟思歸。老者贈以金駒。囑曰、乘之可以來往自便。佟至家。家人尋覔已經三年。出示金駒。衆以爲異。後數年歲荒。佟復往借賑。至則石門大闢。早有人爲之引路。所過之處。兩三家。五六家。炊烟如縷。聞犬吠鷄鳴聲。迥非昔比。至門前。人往來不絕。亭臺連亘。輪奐聿新。越重門。循環廊。過中庭。入後閣。晤老者。老者面握手嬉戲。安杯設筵。一呼百諾。佟曰、數年未晤。君門如市矣。老者曰、此乃琅環洞府。來者多明哲避亂之人。數年後必大亂。携眷來可也。佟曰、吾鄉饑饉。願借助濟之否。則欲入桃源不得也。老者曰、易易耳。命僕取馬數匹。裝以金屑。送之返。佟至里。將金屑散布族人。夜間偕眷入櫃石中不出。後四年馬耳墩嶺一帶都成戰場。佟氏從龍入關者不少。故至今土人猶疑佟氏尚有金駒云。

九頂鐵叉山、東距城場四十里。

八寶雲光洞、在鐵叉山上。

羊角台嶺、東距夏園五里。上有廟一座。

木奇、一名慕期。東距羊角台十八里。中有嶺曰木奇嶺。

按木奇地方。樹多凍青。一名寒竹。枝如竹節。折之內多絲連。不似木形。葉厚於桃實大於豆。其色有黃有紅。每樹纍纍下垂。形似珠粒。令人耐覩。

五龍溝、西距尚家河五里。

天橋嶺、東距尚家河十五里。

土蜜峯、東距天橋五里。

鼓樓西大嶺、東距土蜜峯三里。

鐵背山、一名鐵寶山。東距鼓樓西大嶺十五里。

城子後、東距鐵寶山五里。因前二里許有一古城故名之。

營盤、東距城子後十里。東南蘇子河與渾河合流局勢開展頗能駐兵。

相傳

國初駐旗兵于此。

得馬河、俗名赶馬河。西距鐵背山六里。

相傳明季巡撫王化貞帶兵至河上。時值年節。軍士暢飲。放馬河邊。毫無預備。大兵駐天橋嶺東。夜間忽見月明如晝。衆曰、年終晦日。月光出現。是天助我也。率五百人直抵明營。以圖攻其不備。旋至河南。見敵馬數千匹。散放北岸。無人看管。遂渡河將馬赶過河南。期回本營行五里餘明兵尾追將及。衆欲棄逃。無何雲影遮天。風寒澈骨。追兵不敢前而返。追大兵回營計得馬兩千餘匹。天曉馬自投者二百餘匹均以爲祥。由此兵心益壯。所向無敵。

薩兒滸、在渾河南。

相傳明將杜松。率中路屯兵於此。自引二萬圍界藩。築界藩城之兵及防衛兵。共據

吉林崖即吉林哈達嶺以拒。

太祖命貝勒以二旗之兵援界藩。親以六旗兵攻之。大敗明兵。杜松中矢死。明將劉綎亦死於此役。

按嶺前現有碑亭一座。

平頂山、西北距葦子峪八十里。

窪渾沐、東距鐵背山十八里。

御路、自瀋陽至

永陵。道路坦平。兩旁佳樹。均係乾隆所栽。至道光朝。添栽若干株。而路亦重修。現時樹之存者。十無二三。

得古、東距窪渾沐十二里。
興凱河、東距得古八里。
相傳大兵渡河每奏凱。故名之。
上官嶺、南距興凱河五里。
大假幫、在渾河北東距得古十五里。
小假幫、在渾河南東北距大假幫五里。
土人云、大兵破杏山松山時。兩處屯民。助兵五百餘名。故地名假幫云。
撫順、西距瀋陽八十里。現已改設縣治
福陵、西距盛京二十里。係龍岡脈。我
朝
太祖之陵。山曰天柱。
按天柱山老松古栢。蒼翠可觀。白山紀詠有云。爲。天。梁。柱。非。人。力。借。爾。屏。藩。是。

帝。心。
昭陵、南距　盛京八里。係龍岡脈。我
朝
太宗之陵。山曰隆業。
功臣墓、在
二陵之間。一武勳王楊古里。一直義公費英東。一弘毅公額亦都
亮崇癸亥甲戌展謁
橋陵。親臨酹酒焉。
舊綫、西距　盛京四十里。
王家椽房、東南距梯子河三十里。
劉家椽房、東南距王家椽房二十一里。
二里半、東距劉家椽房五里。

土人云、熊膽有銅膽鐵膽草膽之分。銅膽金黄色最佳。鐵膽炭黑色次之。草膽則相去遠甚。且膽隨月之盈虧。爲消長。每月自十五以前者。氣力足而體重。十六以後者。氣力虧而體輕。臥倉者尤佳。夏日食之有腥焉。熊油作膏。能治跌傷。白山左右華韓獵戶。皆以此油燃燈。蓋他油不易得也。

小孤山、東南距漫江營七十里。

按孤山左右產萬年松。高不滿尺。歷年不見其長。惟冬夏長青。移置盆中。頗有異趣。令人耐觀。

按山小而特起。上有白石數塊。登石看白山。而數峯掩映。直掩雲端。遙望之如在眼底。山前有一蓑戶居焉。白山紀詠有云。東道新開日蒼茫近太初兩三間板屋最好此山居。

葛藤山、俗名鍋撑山。西北距松香河二十里。高約十里。

土人云、山上有一白蝠。大如輪。人常見之。咸豐二年。熱河程萬里放山至山巔。見一物伏地臥潔白異常意欲墜斃手無寸鐵趨伏物上兩手握項入扣不能釋餘而物飛起程駭絕不敢動未幾飛愈高直入雲霄下視萬物不見惟山如星布水如絲懸隱約微露少焉煙霧茫茫一無所覩剛風透骨利於刀剪仰視日成不規之橢圓形東西長約三百餘里南北寬約百餘里中有飛潛動植出沒隱見彷彿天上新闢一大世界細窺形迹似與人間稍異無何月光斜映玲瓏透徹方而多稜狀如水晶大約千圍浮於空中既而飛至月邊偪視質堅如玉光明如鏡時聞波浪滔天水聲汩汩又有山川人物種種形象畢露於外任意翱游朗朗若白晝惟不見星斗心疑焉低視下界大如鵝卵小如鴿卵遍地流走微明依稀不下萬千始知爲辰宿自念置身霄漢其程度不知幾千萬萬心愈恐力愈懈釋手自落至半空風雲鼓盪忽上忽下莫知所之偶觸一石小如豆光能射眼用手取納口中覺體重如前直下無阻至平地天已曉見有人往來身短小起居如猿形衣冠皆樹皮語似獸鳴不能解血食無穀程居年餘語音略通知爲泰北冷州間華夷地方無知者遂悟作指南針晝夜

弁往十七年。始抵崑崙。又數月至熱河。鬚髮皆禿。形容亦改。衆皆不識其爲程。因詳言所遇。并獻其石。衆始信。蓋石置暗室。可以代燭。遂名爲明星石。

棒錘營、西距西岡二十五里。

按人葠俗呼爲棒錘。種葠年久之地。即之棒錘營名之。

東岡、在頭道江東。

西岡、在頭道江西。

按兩岡葠園頗多。同治年間有四百餘戶。迨光緒二十七年。因鬍匪不靖。商務蕭條。現在約有二百餘戶。每年駝運通化縣。由通化雇車裝運營口。所產之秧葠。雖不如敦化縣之沙河崖。懷仁縣之石柱子。岡後之頭道花園。成色之高。然較之濛江州之那爾轟。通化縣之汪清。柳河縣之三通河上溝口。臨江縣之六七道溝。以及韓邊外之夾皮溝。蘇拉河各地方。皮色尤佳。每年吉省派員收稅。約收京錢一萬三千有奇。津貼湯河會房三千餘兩。各葠戶板房頗多。均係男工。未有婦女。六月十八日晚宿李獵戶家。見林中現一火光。形如明星。詢之李曰、山神夜遊也。余問山神係何神。李曰、虎也。居東山者。諱其名不敢冒。蓋虎夜間睜一目閉一目。互相更替。故僅露一光耳。白山紀詠有云。山神夜有遊山興。一目了然百獸王。後閱陳生鳳書云。在牡丹江東。夜間往往見之。

湯河會房、在松花頭道江南岸。

按會房之立。始于同治年間。該處原爲韓邊外所經理之地方。有炮頭張發。吉林人。桀驁。飲醉即謾罵。韓謀殺之。張知覺。逃于二道江。糾合謝玉袁盧周長勝王鐵匠徐馬鳥子張才周占一等二十餘人。當赴榆樹川邸姓家搶奪無算。遂占據焉。獵戶王長好心懷不平。帶衆擊之。敗張發于頭道江北岸之蓮花山。張逃岡南通化縣之廟溝。招匪爲亂。經左翼長竇貴擊敗。又赴八道江一帶。聚集三百餘人。返岡後復仇。連攻九日夜不克。王長好使人誘敵。自領獵戶三十六人。由松樹嘴子地方。順岡而西。直抵湯河口。以斷其後背。張首尾不顧。死者無算。衆皆潰散。張帶四人將逃往二道江。適値伏兵齊起。張死亂鎗之中。四人無一逃者。由是該處舉王長好爲會首。王貪吝異常。該處衆戸不服。未及二年。衆扶邱珍爲首。事在同治十年。迨光緒十二年。邱故。又舉隋福成爲首。隋保寬甸人 曹文炳爲副。曹保遼陽人 遂立薓園貼費。木把斧頭。鴉片刀子地畝攤捐以及各種藥材捐款。均行創辦。以作會房花費。隋死而王寶繼之。其澎漲會房勢圈以及種薓捐款。殆尤甚焉。該處薓戸墾戸獵戸及放山採藥木把打珠人等。皆畏之如虎。察其懇求設治之感情。直同嬰兒之思慈母云。事詳報告書內

雙甸子、在會房北。相距三十六里。

按此次勘界。擬設縣治于此。直可謂適中之地。而林業農業商業山業。皆可整頓。以保治安。而長白府之後援。端賴此地。

大珠寶溝、一名黃餑餑溝。東距湯河會房三十餘里。

土人云。前有瀋陽薓客席珍偕友人饒趣過此。遇雨。江水漲發不能渡。一日散步江干。見有歸化之韓戸婦女澣衣江上。內有一女年已及笄。嬌容媚態。出自天然。席心

好之。晚歸寓語饒曰。江邊有一韓女美而豔。俟更餘吾二人同往尋宿可以苟合。饒應之。二人暢飲醉。遂出門步月前往。行里餘。遇一少年趨赴西南。二人隨行三里許。陡有磚城在前。席曰、鬼城也。不可入。饒曰、無多言。吾輩可往觀動靜。攜手入城。視之如舊游地。街前熙來穰往。直同白晝。因同坐洋車作冶游。至春花第一巷。入紅杏園院內。見歌妓如雲。多識者。各道寒暄。倏有四鳳出。席舊好也。見席引入本屋。席喜偕饒進。見房內淨潔。補壁一聯。仍係一二三五六七八九十而四居中上可矣鶴鴒雀雁鵝鷺鷥鶺鴒惟鳳不同羣。妙哉兩語。以爲相逢非偶。快甚。旋問鳳曰。饒之坤友名飛君者。現在此地否。鳳曰、現在秋月第二巷廣寒宮院。饒約席往見。飛君雖老。風韻猶存。饒喜不止。歎爲奇遇。未幾漏下三更。饒止席返。鳳處彼此舊雨重逢。綢繆倍於新識。倏而天曉。各酣睡至日中。饒覺身如火炙。驚起見臥處有一巨蟒伏地。駭極思逃。奔走二十餘步。見一白蛇盤結席腰。遙呼席。覺斜視蛇猶蠕蠕而動。圍腰三匝。不能起。饒急放荒火。而蛇始逃匿。二人狼狽而回。身腫月餘始愈。人皆以爲淫者之報。

又云、溝內十年前無敢居者。相傳同治年間。在溝中私墾者有十七戶。迨光緒元年臘月初五日。天降大雪。雪花中帶有血點。一時呼如紅雪。不知紅雪水能毒人。數月間十七戶中男死者十之三四。女死者十之八九。有孫姓一戶男女三十餘口。全家皆受腹疼病而死。無一存者。蓋因曾用紅雪水煮飯故也。故二十餘年放山者亦不敢露宿溝中。現在水性猶傷婦女。居者數戶。無一戶有少婦幼女。

按岡後山核桃樹。最能傷人。枝葉花果根皮。年久朽爛於山中。加以雨雪滋長。其毒氣隨水流於溝渠。灌於江河。即於井泉。居山中者。年不過十五六歲之男女。手足縮而短。指節生瘤。腿亦如是。婦女中轉筋病死者不少。至今人猶以為患。因憶余家北園。多核桃樹。少時每值夏日。偕諸昆弟納涼樹下。先大父雪堂公聞而禁之曰、核桃樹性澁而毒。山核桃尤甚。近山居者。每受其毒而不覺。惟多鑿深井。人即不至受害。今見岡後有實受其害者。誠以半飲山水。半飲江水。而有井者無幾。即偶遇一井。深不滿無五六尺。無怪其受害者之多也。留心政治者。盡研究之。

按岡後産藥草甚夥。若人蓡貝母土貝細辛木通黃耆天麻紅芍白芍石花樹花金牛草五倍子其著者也。餘者尚有百餘種。多不識名留心採藥者其知之

余至此遇一白叟胡姓花園嶺人。由西岡過此少憩。據云、我國人嗜食鴉片死後爲害非淺。予有一子因腹疼吸食每日約五六錢之譜計食七年。忽添痢疾醫藥罔效而死。是時家道貧寒。購木棺葬於野人溝東。後長孫成立。度日較寬。次孫附學於東鄰孔姓。稍通風鑒。一日與其兄謀遷伊父骨於太平原。予知之。亦不忍故違兩孫之孝意。遂擇吉覓人開墓遷棺。屆期往甫啟壙。聞煙氣味。移棺於外。見棺底點點滴如。煙膏。衆疑之。予亦驚異。因令人啟棺視之。尸骸全無。惟有一堆鴉片膏貼棺底盈盈外溢。予含淚以手撥視。內有蝦蟆無數。色如血。動轉自如。大者如扁豆粒。予欲棄諸溝壑。兩孫跪泣求葬。不得已仍用原棺埋於舊墓。一時傳爲奇聞。有云、蝦蟆能戒煙癮者。有云、能治癆病者。未悉確否。按西人僧人有火葬。南人有水葬之說。今胡氏之子。尸化爲蟲。啟而復埋。殆所謂蟲葬者歟。

蓮花山、在上雙濟下雙濟之間。產銀礦。

土人云、十數年前有放山者十九人。過山下。遇一倒木。斜橫當道。衆皆由上踏過。行十餘步。忽見倒木蠕蠕而動。衆驚顧。間黃風大作。石飛木拔。衆急伏地。互相握手。猶覺離地數尺。起落不定。一人釋手。被風吹去。飄忽不知所之。約餘落在圖們江右之紅嶺洞。計程四百八十餘里。經數日返。與衆晤談。始悟爲蟒起蟄云。

鵰砬子、在湯河合房東偏南二十里。松花頭道江岸。

相傳前有大鵰鵰。一雄一雌。居之。至今石岸空中。鵰巢猶存。以木爲之。大如廣廈。

土人云、鵰砬子下產白金。前有韓氏曾得十餘斤。照白銅價值售諸茂山城人。故至今茂山城中。猶有存白金器具者。

花園、在龍岡後。松花頭道江西。頭道花園長百二十里。二道花園九十里。三道四道五道二三十里不等。產人薓。榆蘑。榛蘑。天麻。貝母。細辛。虎豹鹿豕。麋麅。山羊。豺狼。

按頭道花園。有薓園。培濟種子。上用板棚蓋之。布棚亦可。蓋薓苗喜山陰。不敢見日光也。種子三年後。即可出園。經十餘年者尤佳。遼東之薐。全球稱最。聞姻丈李文軒先生曾言花園秧薐有菊花心。他處無之。亦罕見者。今至此始知先生有所見而云然也。四年出園爲小宗。六年爲大宗。余偕同事許劉兩員及測繪員數人親履園中。研究灌培種植之方法。園主人蕭姓。以爲吾輩留心於植物者。

按此次過花園嶺。見有野鎗。越之而過。蓋獵戶用線弦鐵鉤將鎗挂在樹上。山獸誤動線弦。即能擊發。故名爲野鎗。登山者不能驗下鎗蹤迹。由弦上過。每受重傷。死者亦有之。土人云。每年野鎗傷人不少。余每至獵戶家。即囑其於下鎗之處四面多削樹皮寫字於上。曰、此處有鎗。不可行人。下畫一鎗形。即不至誤傷人矣。鹿窖野刀。亦當倣此辦法。獵者韙之。

余住李獵戶家。見屋角懸有花鹿皮。詢係四月所獲。兼有飽胎。因憶李小華刺史曾囑代購此物。遂購之。按鹿胎爲婦女科要藥。花鹿爲最。馬鹿次之。眞者不易得。東山獵戶。每以山羊胎狍胎充之。魚目混珠。實未易辨。鹿便專治腎水虛。鹿心專治痰喘。

血衣之鹿骨可作簪。能除口齒虛火。採蔘抉土。非用鹿骨釵不可。蓋不傷蔘之身鬚故也。做蔘扎眼亦然。

鐵箄林、在花園河下游。

按頭道花園口。上有黑石磖子。狀如鐵箄。其插入河心者。孤石獨立高丈餘。水擊有聲。洵足爲花園河之奇觀。白山紀詠有云。游徧花園。尋古道。願將鐵箄寫新愁。即指此而言也。

千府磖子、俗名神仙梯。西距鐵箄林四里。

蛟河、源出山岔子西北之龍岡。西北流入輝發江。

相傳前有獵者宿某至河上。遇大風。飛塵迷目不能睜。依樹坐鎮。餘風猶未息。躁極持鎗向空中亂擊。忽聽一物墮於身旁。聲甚厲。霎時風定。見物如人形。五官四肢俱全。疑爲誤傷行人。棄鎗逃歸。越數日有鄰屯卞姓在河邊拾一鎗。及鎗斃之物。衆皆不識物爲何名。蓋人形而兩腋生羽。似能飛。狀宿聞往視。歷叙顛末。卞即以鎗還之。

由是宿某能擊飛人之名大噪。

大灘平、在柳河縣界。產金。

蝦蟆河、在蛟河西。東北流入輝發江。

土人云、前有何氏婦每在河邊洗衣。一日偕婦女數人至河上。覺腹痛異常。頭暈眼花。仰臥地上。產物如球。蠢動鼓鳴。一婦拋擲岸上。倐見有一蝦蟆。色紅如血。奔躍河中。不見。至今傳以爲異。何生永祥曾在天津見有此事。天地之大。奇事有偶。怪哉。

七十二龍灣、均在龍崗。惟剛頭山西北一灣最大。方圓約有三十里。餘則長茂草頂西南一灣。方圓約有七里。大灘坪南一灣。方圓約有十里。至方圓三四里一二里。是其小焉者也。塔甸于祥麟云、光緒丁未五月間。日夕大雨。忽見雙龍躍于龍岡。旋自西南陡起狂風。吹出無數黃雲。直奔白山而去。蓋龍灣所出之龍。飛入天池。理或有焉。陳冰生大令楊炳初二尹均言之甚悉。

三通河、源出龍岡之璽圖嶺後。東北流入輝發江。

明國初范文肅公文程。少時從父渡遼。築室河邊。夜月讀書。忽聞水聲澎湃甚厲。開戶視之。見一鰲大如水牛。搖尾吐涎。向月下叅拜狀。公喚僕起視。僕懼而踣。遂自取弓躍岸射之。鰲斃。脫衣入水。推至水邊。用刀割項斷尾。分爲三截。負入室中。劈其頭內有鉅鹿遺書黃帝戰蚩尤之書裂其腹內有阿衡方畧伊尹相湯伐桀之書抉其尾內有太公陰符太公佐武王伐紂之書計書三通旣視遺書茫然不識一字方畧之文多不解惟陰符一目了然其用兵之神出鬼沒千變萬化俱印腦髓至以少勝多主意一字一珠尤覺獨有心得終夜讀之無少懈未幾日出臏有鰲而書已杳烹食之有異香厥後公從龍入關指揮如意百戰百勝人皆以爲自陰符得來故至今河名三通云

杉松岡、西南距樣子哨街二十里。

按岡產煤鐵甚富饒。煤廠十數家。鐵廠惟寶聚公司一家。又產寒門得土。可作洋灰。輪船火車多用之。特無人研究耳。

余過岡。途遇天津張君雲龍。據稱調查東山各種樹皮。凡植物中。含有溢性者。約數

百種。無論根株花果枝葉壳蒂。皆能考驗。以作硝皮之用。現已研究十數種。惟樹皮爲最。他若橊柹松杉櫟樗核桃栗子酸杏各種。皆可用。蕭樹皮能硝獸皮中之膠質。則獸皮分外堅潔柔潤。製造器物。可以耐久。此法得之西洋。我國初試體驗耳。若張君所云。如岡後之山榛山李山柰山梨山核桃山色木以及王勃骨頭臭李子杆皆含有澁性。而不識其名者爲數尤多。皆宜口嘗手採。而以造表測驗。以資需用致令竹頭木屑毫無棄材。留心學者。察之。

、蘭山脈出龍岡。在三通溝上掌。

相傳山上有一古亭。漢儒王烈讀書之處。後廢圮無蹤。

土人云、數年前有山左東野生。夏日薄暮過山下。聞書聲。心疑山中素無人煙。書聲胡爲乎來。登而觀之。扶石上至巔。見一草舍。燈火熒熒。推扉入內。一叟坐。二童侍立。一老僕就舍東北隅烹茗。叟方巾博帶。非近世衣冠。見東野起而問曰。客從何處來。有何勾當。東野揖曰。聞先生讀書聲。願學牧夫聽經耳。不知先生所讀之書是何代。

之謦叟曰、今夜讀者孝經耳。二童係予雲孫。年幼無知。恐爲習俗所染。淸夜寂靜。故畧爲解釋。東野曰、目下學堂林立。有志者皆跡獵新學。方可上達。何必泥古。叟曰、新學爲何。答曰、聲光化電格致實業。各有專門。即新學也。叟曰、君所謂者問世之學。予才識淺陋。不敢稍參末議。命僕洗杯斟茗飲之。東野曰、今春蒙入學堂。三月卒業。稍有心得。二令孫春秋方富。隨蒙入堂肄業若何。叟起謝曰、實告君。予塗山狐籍。被秦亂遁迹於此二千餘年。不入人世。今爲吾孫輩講經。願留六經種于毛虫之中。爲將來洪荒時代立脚地步。非應世耳。東野驚懼。手足失措。叟察之。命僕持燭跋送山下。僕送至山下。棄燭不見。東野秉燭返。至家見燭不少損。覩之似燭非燭。其堅如玉。後每夜燃之。可以照讀。

駱駝砬子、在楊子哨西。產銅。

金廠嶺、在鷄林哈達東北。產金。

五鳳樓、在金廠嶺東北。

相傳大兵齊集龍岡築樓觀陣。忽於起兵入邊之日見有五禽齊飛樓上連鳴七日。其首尾異采衆皆不識因以鳳名之軍人以爲瑞鳥故名五鳳樓吾師仲璐溥尙書言之甚詳。

滾馬嶺、在五鳳樓西。

相傳明李如松至此滾馬。

石廟子、在柳河縣界。產金。

輝發城即輝發部。在輝發江東北岸。

香爐碗子、在柳河縣界。產金甚夥。

黑牛石、在龍岡後。形如臥牛。東南距陵街四十餘里。

灣甸子、在龍岡後。

入家子、在龍岡後。

楊子哨、在杉松岡西南。現設柳河縣分防縣丞。

海龍府、在鮮圍場柳樹河北岸。

相傳城後九龍口地方。三十年前。猶有古碑。文曰、海龍王李公墓。字體似六朝。究不知海龍王爲誰。今碑已失。而墓址猶存。

英額門、在吉林哈達北。

關外邊門、有遼西遼東之分。

按遼東邊門。曰靉陽門。曰城廠門。曰汪清門。曰舊門。曰英額門。曰土口子門。曰威遠堡門。曰馬千總臺門。遼西邊門。曰法庫門。曰彰武臺門。曰清河門。曰九關臺門。曰松嶺邊門。曰新臺邊門。曰梨樹溝邊門。曰白石嘴邊門。曰明水邊門。至若老邊門。在大石橋一帶。東距瀋陽城四十里。

山城子、東距海龍府一百二十里。商業頗暢。

朝陽鎮、西距海龍府四十里。商業頗旺。

圍場、在東平西安西豐界内均已開墾。

公主嶺、西北距懷德縣八十里。

土人云、前有女伶郝月桂。別號大姑。春日薄暮時。乘車渡嶺。忽見嶺上樓閣綿延。狀若世家。驚顧間。適有老蒼頭騎馬至車前。詢車中人是郝大姑否。御者諾之。蒼頭下騎報曰。僕係公主府引路侯。吾家公主。特請大姑辱臨一敘。郝素有胆識。應之。命車夫馳至府門。見有數十閹人候於門前。郝下車。入越前殿。循環廊。渡珊瑚橋。經銀德坊。由環門進。安憩偏殿。殿中陳設。多西洋新式。金碧輝煌。迥出尋凡。未幾晉茗晉酒晉食品。畢。請入浴所。房舍潔淨。自來水溫而澄清。浴畢。請入蘭室。氣味清馥如麝。於是薰沐者三。姑請入更衣所。晉衣冠裙帶各件。裝式半宮半洋。爲世人所罕見。無何堂上一呼。選大姑進內宮。旋有伶俐少女。掖郝入愛戴門。由中殿過。見劇樓舞榭。環列左右。兩旁婢女皆宮裝侍立。郝入內宮。睍視公主年四十許。貌若天人。至前長跪叩謁。公主笑而扶起曰久聞大姑曲名噪耳今既惠臨雅奏可得聞也郝曰、一技之長原無足數況鑵腔時調厭人聽聞徒貽笑耳公主曰、無須爾爾旋令取胡弦唱京調取月琴唱衞調取四弦唱淮調繼又取胡笳唱大八拍取鐵板唱大江東公主喜自取五弦琴彈而和之郝曰、始而平沙落雁既而瀟湘夜雨絕調也願從學宮中未知公主能容納否公主曰、汝所唱者近今新調宮內罕聞惟望彼此研究作聲調譜友足矣何敢好爲人師郝叩謝公主襝衽拜畢命設筵郝豪飮拇戰皆北醉則宮樂如何公主命鼓樂侑酒倏而屏風大開鼓聲如雷庭前男女裝式皆古每齣二人對唱調高響逸舞皆精巧不類人間半鐘許樂止席終令少女秉燭送郝就精舍宿臥舍內床帳精緻香氣撲人壁上懸鐘掛劍古雅非凡案頭陳列女媧索紀后妃坤經全球女子春秋各種新書北面茶屏六幅內四幅爲惲冰女史工細花卉外兩幅上聯書大抵浮生若夢下聯書姑從此處銷魂旁書年月日時爲大姑詞史補壁末書黃帝百五十四世孫懶癡子持贈心疑不知爲誰臥不能寐次晨梳盥畢忽一人報公主至郝起迎問安侍坐公主曰、夜來無恙早游公園若何郝曰、善隨行入西園見奇花異卉。多不識名。池沼亭台。時樣翻新。折而東南。湖水盪漾。荷柳滿塘。采蓮人歌聲款乃。掩映畫舫中。令人移情。岸上越小橋。憑欄南顧。見存古格致測繪編輯各堂林立。又有體操場。運動處。出入往來。行人不絕。均屬女界人物。儘意游覽。足不停蹤。公主曰、此吾家西園。至墳典索邱。禹鼎湯盤。載在東壁。俟星期往觀可也。少焉二人握手回宮。大開宴會。公主醉。郝亦醉。宮女醉者不下千百。杯盤狼藉。拋置階前。郝醉臥欲睡。突聞槍發連珠。翻身起。見雲樹蒼茫。一無所有。惟身旁一黑狐臥於地。方駭疑間。獵者十數人至前。欲斃之。郝苦求得免。以衣覆之。瞬息不見。郝歷言奇遇。衆以爲異。起尋車馬。仍在嶺上。車夫酣睡。呼之醒。載郝而行。蓋獵者見羣狐仰臥林中。故以鎗擊之。後聞郝唱工大進。人亦嫵媚。一時知者呼之爲狐弟子。

蓮花朶、在荒溝上掌。孤石特起。如蓮朶。遠望如塔。俗名塔磖子。

南岡、爲鴨圖兩江之分水嶺。起脈于長白山南麓之連山。南走爲小白山。爲棋盤山。皆係中國界內折而東。爲南葡萄山。又南爲將軍峰。又東南爲南雲嶺。又東分爲二支。一趨東北爲大元山。又東北爲刀山。又東北爲茂山嶺。一趨西南。爲高時嶺。又西爲大白山。又西爲鐵嶺。又西南爲草草嶺。折而西北。爲狠林山。復分爲三支。北支爲長津江之分水嶺。至衛天嶺。南支爲尾老乙嶺。直達小白山山脈。又逾海爲日本之馬關長崎。中幹至大八營嶺。就中幹言之長約千三百里。

平安嶺、起脈於長白山北稍西麓。爲頭二道江之分水嶺。長約三百八十里。

五虎阜、在娘娘庫西北。望之若虎坐臥形。共五阜。皆相毗連。許味三參軍聞有人言及阜如朝夕起霧七日夜不露。阜頂即起鬍匪。

古冢、在娘娘庫西北。距會房五里。有三冢焉。相傳金時三王之冢。光緒三十二年日人至此。疑爲高麗古冢。曾抉其二。無迹可驗。因掩之。至今猶有遺痕。

大頂子山、一名有大秫稭垜山。五道白江發源于西北麓。

六道溝、南入圖們江。在延吉廳界內。現設邊務局于此。

乳頭山、在娘娘庫東北。相距六十里。兩山形如乳頭。故名之。中戶一。韓戶四。

土人云、此山多豺狼。皮似貓。形似犬。身長尺餘。山中之獸。無不畏之。其溲能害百獸。蹏如沾之。立即潰爛。惟不傷人。獵夫見即喂養之。夜間山中露宿。獸不敢前。故人呼之爲老更官。又名老京哥。不知何意。語云、豺狼當道。安問狐狸。蓋熊虎猶畏其溲。況狐狸乎。

又云、入山者每見豺狼成羣。驅逐虎鹿熊豕等獸。獲即分食。又呼之爲砲手。其身長毛長者。名爲豺虎。

木器河、出富兒嶺。西北入松花江。

金城、在木器河南方一里。磚墻至今尚有遺址。相傳爲金時古城。

土人云、天暮自城邊過者。每見有人往來其中。

又云、數年前。有一山客過城外。遇白叟同一少年對酌。就與語。叟曰、唐虞重選舉。三代因之。至周末重游說。漢復行選舉。唐時因選舉太濫。遂興科舉。宋元因之。是漢以上重行。唐以下重言也。少年曰、明時亦重科舉。但取制藝耳。國朝因之。故明有金陳章羅。清有熊劉方儲。皆制藝名家也。予應試。因駁朱註被黜。至今恨恨。叟曰、朱某宋儒。強駁鄭氏註疏。開古今來筆墨官司之門。姑就所註吾猶及一節論之。殊屬令人噴飯。若史之闕文。闕者少也。文勝質則史。史尚少文。頗有古風。有馬者借人乘之。乘者輿也。之者往也。千乘百乘十乘。富而貴者。有馬者未必有乘。如能借人之乘以代馬。是無馬者亦可借令馬以代步。則貧能借於富。賤能借於貴。非世風敎厚。不易至此。闕文借乘。孔子少時猶能及之。至老時即亡矣。故直斷之曰今亡已夫。非然者。如闕疑不錄。史家之常。借馬於人。鄉間之俗。今尚優爲。說春秋乎。即此二端。如朱註所解。大失今亡已夫口氣。即孔子當日。亦不至故作不近人情之語。此必然理也。他若鄭衛之風。多註淫奔。是泥於鄭聲淫一句。尤爲荒謬。若朱某之著述。在修綱目以蜀漢爲正統。其寓潛消後世權奸篡逆之心者。眞有功於世道人心者。少年唯唯。謹受教。請浮大白。山客起而問曰。先生論鄭談朱。開我茅塞。不知近數年來變制藝爲策論。旋又改爲制藝。旋又改爲策論。旋又不收制藝策論。而停科舉。今則重科學矣。不知將來若何。叟曰。選舉重行。行者事之主。科舉重言。言者事之賓。科學重藝。藝者事之奴。由此以往。分門別戶。愈出愈奇。是驅人而爲工也。今天下。乃百工之天下也。又何說焉。拂袖而起。與少年趨行。倏忽不見。

又云。金城左右多樹花。按古樹生苔。苔上特出細葉五六寸許。形如韭葉萌芽。俗名樹花。能治淋症。

又云。城內產地花。色白似苔非苔。能治陰疽。

敦化縣。滿名鄂多里城。南距安圖五百里。我
朝創業之始。寔基於此。

沙河崖。西北距敦化縣三十五里。

撫輯貢獻廷言。光緒二十六年春。自沙河沿回敦化縣署。乘馬過大猪圈嶺。約更餘。

月色暗淡。忽有狂風從嶺西陡起。山鳴谷應。松濤浪湧。勢如萬馬奔騰。心駭懼間。妄時天紅如血。見萬千火球。忽上忽下。形同星動。轉若風馳。盤旋嶺上。周有三匝。馬戰栗。汗如水澆。約半鐘許。風稍定。驅走至嶺底。猶見火球順嶺而去。直奔南下。嗚嗚然聲聞百里。至四更時分。始達縣署。汗流浹背。衣履皆透。署役扶之下馬。入寢室。酣睡兩夜方醒。或謂野鬼。或謂山精。究未悉孰是。

牡丹嶺、亦名僵牙鬱哈達。在二道江東北。相傳咸豐年間。有數人放山。早起渡嶺。見嶺前溝內黃水奔流。約鐘餘。水色微淡。一人入溝。用木碗取水。欲飲。因渣滓不淨。遂潑於地。聞有金聲。視之滿地金屑。連用木碗取水潑之。而金屑漸少。再取潑之。則不見矣。因就地拾之。大者如豆。皆金也。計有二十餘兩。後售諸吉林省城。得上等價值。

金銀壁嶺、在富兒嶺西南。

樺皮甸子、在金銀壁嶺後。現經李莪卿太守。籌辦樺甸縣設治於此。

夾皮溝、在樺甸縣界內產金。撥溝內產金。向多金匪。後歸韓邊外爲該處會首。而地方稍靖。日人名爲小韓國。則大謬矣。

撥韓邊外原名顯忠。後以名效忠。原籍山東。移居復州。其父以農爲業。道光年間。與父至廠北木器河傭工於侯姓家。嗣因三姓有巨盜葛乘龍招集游民私開金廠。效忠辭工。偕孫老八往投焉。後經三姓副都統帶隊擊之。葛敗。效忠潛逃。渾春不數月旋赴延吉岡。得與　與京李盛林海城八卦溝劉啟廣等二百餘人結爲同盟弟兄。衆因效忠久在邊外。而年又居長。舉呼爲邊外大爺。由是韓邊外之名。遂傳于吉林南岡。當是時夾皮溝內。有自己座塔來之梁才孫義堂二人。暗奪李牛瘋之金廠。率衆三百餘名占據該處。坐索秋金抽收太苛。一時掏金工人往投效忠者甚多。效忠自鳴得意。旋與李劉商議謀奪梁孫之金廠。咸豐九年四月底率衆攻之。數日不克。效忠獨出奇計。夜間用火繩纏於樹上。燃之以作疑兵。梁與孫見而生懼。畏其人多。

遂渡江而西。梁逃千山。出家爲僧。孫回原籍。衆皆渙散。金廠因而悉歸劾忠。此即韓邊外入夾皮溝之原因。

按韓邊外嫡妻侯氏。因少時傭工于侯姓家。侯某見其厚重少文。故以女妻之。生受文。繼娶李氏。無所出。邊外年七十六歲卒于溝内。受文不善理事。生三子。一登舉。一登科。一登朝。故以長子登舉經理家務。

富兒嶺、亦老嶺之支脈。在二道江北。富兒河發源于此。南距二道江百五十餘里。土人云、嶺產黃耆。人多採者。光緒元年。有胡東岩。河南人。以採耆爲生。一日登嶺。見耆高數丈。大四握。負之歸。刀截十餘段。赴船廠出售。適遇一藥客見之。歎惜良久。購以千金。告胡曰。此物非凡。予在黃河沿。每年見有旗杆雙影。印于河中。今缺其一。知被識者採去。無如斷爲小段。殊可痛惜。儻能完全。萬金易售也。此耆實爲長白山右一大旗杆耳。胡聞之悔恨而去。夫千金買耆。其異于他耆可知。藥客識之。亦耆之一幸也。

一百六十二

奉吉勘界委員劉建封謹志

附録

長白山靈迹全影

長白山靈蹟全影序

天地之大秀靈之所鍾毓磅礴鬱積歷數百千年間世一發在地爲川嶽在人爲賢人君子恢奇傑出之士瑞氣所聚爲聖爲帝王其尤異者乃以聖人爲天子豐沛雲氣望之皆有異采嘗歷觀古今而歎命世非偶然也長白山爲我

朝發祥之地天生

聖人削平區宇於萬斯年自中外互市以來長白山乃愈震全球之耳目其地龍岡起伏挾東北海外羣山萬壑而來直走遼瀋復兜轉而結此山蓋以神矣顧以僻處邊境與朝鮮北鄰華民足跡所不至而又廣闊高峻隱見不常林密山深冬夏積雪康熙朝屢

派大臣按形勢終末由得其眞面近年英德俄迭次調查日人且派專員多次露宿兼旬第不爲冰雪雨雹所困則以霧起晝晦久待無功而還建封奉憲命踏勘國界裹糧入山不能馬則攀藤捫石又不能則雀躍蛇行以進遇陰霾必聯臂應聲霧氣迷濛三步外即恐相失然且鼓勇直前終至淩頂率衆以往者前後凡四始略得撮影而歸乃不禁盱衡而有感焉嗟乎王公設險以守其國長白區域當中韓界之衝而

列祖

列宗實與於此特以人煙隔絕山徑險惡而不通視同甌脫者垂三百年自俄人乘吾國有

事潛割黑龍江東岸當事者漫然應之蹙地五千方里外人持議者遂以爲吾國不重邊地之證然其時國力尚稱全盛也今乃悟國家寸土不可予人而肘腋眈眈敵心無饜既不能以兵力建威消萌惟恃界務分明持公理與列强頡頏或尚有濟朝鮮本吾屬國越界占墾安忍與較自日人監韓延吉協約暗圖蠶食邊防當局瞶瞶竟飽其欲貽誤大局聞者髮指邇者日韓合併又見告矣此後非鄰於韓實鄰於日耳以我

國龍興聖蹟原中外所同知而乃圖經不詳啟外人以覬覦之漸此

祖宗之隱恫而薄海臣子所痛心疾首羣思一辯而無確據者也用是不辭苦難不避險阻

擇要撮影貢諸大府以備改定協約之用設治後移民實邊招墾講武實力既充懾列强於無形吾國其尚有豸乎抑又聞之五嶽視三公艮維喬嶽祀典攸崇向第致祭於吉林之小白山相距尚七八百里今長白大顯於世而又畫歸奉省倘再釐定祀典昭告天下使外人知吾根本重地斷非偶然億萬年有道之長或即以此次撮影爲

廟謨睿算所據以定議者夫

統帶松圖兩江林政局軍隊試辦安圖設治委員劉建封謹識

東三省總督錫　奏進呈長白山靈蹟全
影摺
奏爲恭請
敕建神祠於長白山以保
靈區而昭
聖蹟並將山景全圖進呈
御覽恭摺仰祈
聖鑒事竊長白山乃
國家發祥之地鴨綠圖們松花三江皆導源
於是北達俄而南連韓爲今日中外國界
所關我
朝誕膺景命備迓天庥神鵲朱果紛綸葳蕤
之符天池龍岡磅礴蜿蟺之氣聲靈有赫
馮翼無疆舊傳
天女降臨
聖神載誕浴池靈蹟實在布勒瑚里居中位而定
一尊絕地通天人蹟罕至自奉

聖祖仁皇帝諭遣內大臣覺羅吳木訥等看驗遙
祭之後百年神祕悠久莫宣近以籌邊設
治長白安圖分設府縣臣前委員勘查國
界特飭調查山境攝影全圖嗣經安圖設
治委員劉建封具圖貼說呈送前來臣敬
謹捧觀詳稽
聖蹟溯發祥之有自信符瑞之非虛紫氣炳霄丹
陵毓慶天生
神聖良非偶然謹將全圖恭裝成册進呈
御覽臣伏念太皞降生虹彩繞華胥之渚姬周
受籙房心應蒼帝之精自昔興王恆徵瑞
應我
朝發祥基業媲美豳岐
天女神靈萬年作佑臣下曷敢妄議禋祀竊考金
時封長白山神爲興國靈應王卽其山北
地建廟宇又册爲開天宏聖帝
本朝康熙十七年尊爲長白山之神歲時致

祭崇報特隆今擬恭請
敕建神祠於布勒瑚里擬名爲
敕建長白山之神之祠以保
靈區而昭
聖蹟查東省邊防孔亟國界待勘黑水白山正天
之所以限中外今誠建設神祠立碑正界
既以明主權之有在亦足爲界務之先徵
如蒙
俞允當由臣飭令興工修建早覩厥成庶
皇圖鞏固合神契而耀祥符
聖奥莊嚴隆上都而光萬國山川毓秀河嶽
効靈而一祠千秋與
國家億萬年有道之基並垂百世矣所有請
建長白山神祠並恭呈山景全圖緣由謹
恭摺具陳伏乞
皇上聖鑒謹

奏

奏摺

四

目録

目錄　二

布勒瑚里

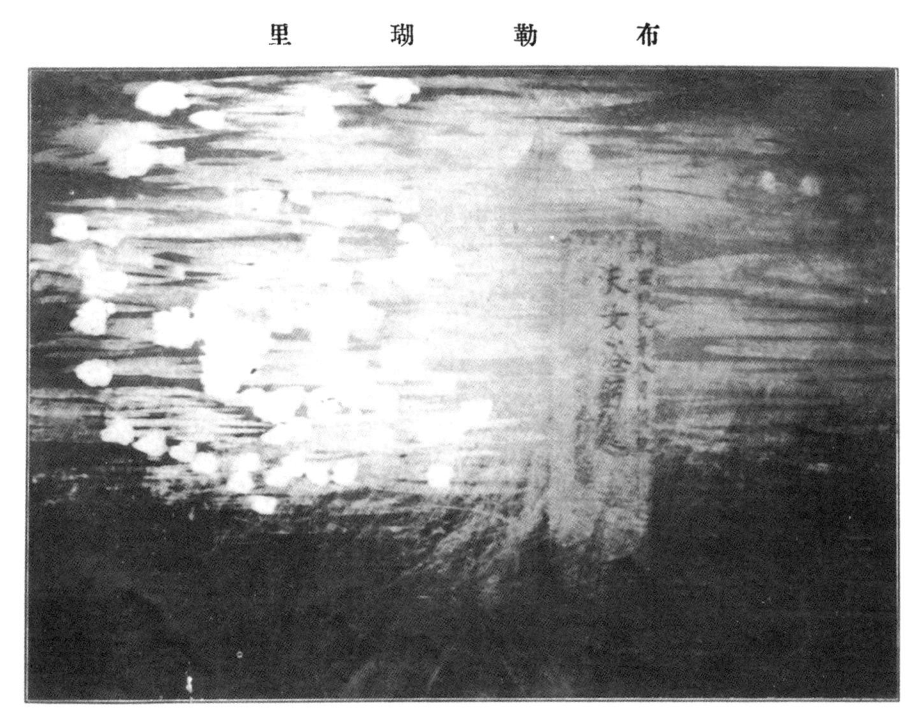

布勒瑚里

一

布勒瑚里

布庫里山下龍蟠虎踞氣佳哉鬱鬱葱葱華蓋參天隨甘雨和風洩地靈應王氣者實爲布勒瑚里我

聖祖

神宗發祥之地也特自

入關後攀鱗附翼者麕集景從八旗勁旅駐防各省其留者卒居京師閱年既久故老無徵而長自據奉吉東邊數百里闃無人跡間有獵戶一至卒粗莽不知書雖時有父老之流傳聞之者往往疑信參半質證無從蓋靈蹟已稍湮矣不知禮失求野古人所稱用是參稽志乘質諸刨參劚藥者之口詳按形勢知布勒瑚里實未嘗隱沒因建石欄以護之並勒石於其上曰天女浴躬處以昭敬重而垂不朽亟撮影與天下共寶之

布庫里山

布庫里山

三

布庫里山

山在天女浴池南約五里許土人呼爲紅頭山以石色赤故也山勢不甚高大惟石筍叢叢豔如牡丹與他山不同實爲長白山脈一點靈根所結而成每值天晴日午其雲光雪影返照浴池水心又如天外三山不知從何處飛來而瑞氣勃勃尤足豁人心目我

朝

鼻祖誕生於山下攷其名曰布庫里雍順者蓋亦就山之名而命名以示不忘也扶輿靈氣亘古於兹

聖蹟之關係豈偶然哉謹拍影爲全球寶

長白山天池

長白山天池

五

長白山天池

山以天池爲中心點池長腰狹豐首而鋭末東北西南作胡蘆形環池多奇峯高插天際其中尤大者六若白雲若冠冕若白頭若三奇若天豁若芝盤小者有十巖谷坡崖起伏綿亘多挾遠勢山脈自東北海隅蜿蜒數千里而來實艮維第一名山麓至巔約三十六里周約二百四十里冬夏積雪一白無際池水五色陰晴風雨變幻不時而溫凉各異池洌無萍山頳無草木十日九霧遇晝晦天黑如漆風雹突至裹糧以往樵汲俱窮山左右獵戶登而上者百不獲一故自古人跡罕至云

景　遠　山　白　長

長白山遠景

七

長白山遠景

長白爲遼東鎮山東西南北面各異形風雨離合雲煙繚繞武夷九曲匡廬半面何足語此四面面峭削壁立穹窿惟東南勢稍緩自老嶺邐迤而上龍蟠虎踞氣象萬千雪線以上皚然無際羣山萬壑錯繡如錐畫沙山麓層陰匝地彌滿山谷蓋其所憑者高也

槎河瀑布

槎河瀑布

九

槎河瀑布

天池東北流爲乘槎河松花江之正源也懸崖直瀉瀑布轟磴經荷筆不老砥柱三峯曲折奔騰萬弩齊發由納因部攀藤附葛以往遙望之疋練懸天半百里外如在目前撮影時霧氣滿山浪花噴雪過數峯後珠璣濺水面飛湍駭浪猶絡繹不絕下流爲二道白河兩山對峙屏障天成中通一線水勢愈急山亦愈峻巨石滾動有霹靂聲狹處深不可測然一躍可過東麓溫泉宜浴西麓熱度最盛可熟雉卵獵人封鹿肉投其中炮而食之有如沸鼎白河有溫涼二源數里後始合流宇宙奇觀哉

白　雲　峯

白雲峯

十一

白雲峯

峯爲長白主峯如長劍倚天一覽衆山皆小雲氣咻咻膚寸徧諸峯前有玉柱拔地孤峙再南爲懸雪崖每歲積雪飛塵羃其上如削墨引繩黑白釐然烏絲比櫛叢絶壑歷梯雲臥虎兩峯突起若覆盂者爲冠冕峯峯下多蜂窠石土人呼爲軟石坡湯泉溝及淸水渠皆出冠冕之西南此白雲峯前面諸山也踰坡口則爲白頭峯矣白雲峯後綿亘數里一峯高矗上有平臺名曰芝盤再北列岫如畫名曰錦屛歷觀日峯迤東陰陽開闔是爲龍門與天豁峯相連中有補天石天然扃鑰縱觀白雲以後諸峯環抱雄奇得未曾有

三奇峯

三奇峯　十三

三奇峯

峯在天池東南蔚然深秀登白雲峯望之如朝如拱天外三山秀削天成下臨絶壑有風月窩仙人島諸勝峯最高處有洞直達天池望之如鏡夕陽西下澄波無際絢爛照人其地似山水衝激積久而成水石巃玲豁人心目

白頭峯

白頭峯　十五

白頭峯

天池南面最高者爲白頭峯上有終古不融之雪南下山勢愈斗兩峯列峙如屏風名南天門左右石罅紛裂積雪擁流作畫家大披麻皴法嶙峋壁立怵人心目下有伏流土人名曰旱河歷十餘里復見南爲曖江上流即鴨緑江之北源也曖江西岸爲伏龍岡陂陀千里勢如神龍昂首尤森然不可逼視

天豁峯

天豁峯

十七

天豁峯

峯石皆黃作淡金色其陰多紫石爛若丹砂中豁一門如鑿積石露天一綫鐵壁黑如漆華蓋披離下垂巔圓而末銳麟鑾鳳巒近在懷抱天偶晴則諸峯倒影返照天池池水滉瀁峯石動搖汲池水烹苦茗劃然長嘯山谷應聲眞人間仙境也

巖　冠　鷄

鷄冠巖

十九

鷄冠巖

旱河上游東北行出鷄冠巖下爲長白回頭結與孤隼三奇兩峯相聯絡層巒疊嶂直插天池池爲之一束如胡盧腰形石多五色黑者如墨精環視羣峯如朝如拱仙人島在其北碧蘿山峙其旁蒼翠欲滴有大江中流金山獨聳之勝

滾石坡

滾石坡

二十一

滚石坡

坡在天池東北石無大小盆若盎若輪若者踏之立轉怒如走丸稍不愼人且立蹶匍匐蛇行引繩躡足以往左爲紫霞右爲華蓋隱流泉復出沒於其間石隙斷紋如應龍抉水挾沙石俱下澎湃有聲時復琴筑鏗然動人清聽里餘忽伏不見故名隱流撥石尋之觸動雷殷山鳴谷應

小白山

小白山

二十三

小白山

山在長白東南上無草木與長白同西枕曖江東持七星湖起伏團結爲長白山之輔南岡龍脈實起於此

乳頭山

乳頭山

二十五

乳頭山

山在長白東北相距約百餘里兩峯對峙一水中流土人象形名爲乳頭水卽三道白河出細鱗魚大者二尺餘投竿垂餌者韓僑居多蓋漁獵之遺俗也

松花江

松花江

二十七

松花江

林政局後爲松花二道江上游源出穆石東名黑石河淺處乘馬可渡必土人導之以行每六七月間江水驟漲聯木爲簰名曰放簰可達吉哈諸埠至冬馬曳靶轅行冰上布粟夯易人皆稱便下游輪舶駛行曲折四千餘里與黑龍江合流

鴨綠江

鴨綠江　二十九

鴨綠江

上游隸縣境三百餘里北源出長白三奇峯下邊俗無舟楫刳獨木而渡既渡以繩繫於石上後至再達彼岸未達時彼岸不得渡也名曰衞護江之南岸爲朝鮮日人設輕便鐵軌於此以運木焉吾國置林政局意在練兵實邊亦宜仿造以節運費而便交通因調查林界至此江流凡千九百餘里

圖門江

圖門江

三十一

圖門江

大浪石泰紅旗三水合流三江口卽圖門江之上游江流石壁潺潺有聲乘衞護使弁兵持篙而渡遂繫石上野渡無人舟自横不禁朗吟不置也因調查國界至此江流長千三百里

穆石

大清
烏喇總管穆克登奉
旨查邊至此審視西爲鴨緑東
爲土門故於分水嶺上勒
石爲記
康熙五十一年五月十五日
筆帖式蘇爾昌 通官二哥
朝鮮軍官李義復 趙台相
差使官許樑 朴道常
通官金應瀗 金慶門

穆石

三十三

穆石

石在青風嶺與長白隔旱河相望東爲黑石溝南岸有石堆土唯以十數溝水東北入五道白河達松花江延吉協約乃以穆石爲中韓國界以黑石溝爲圖門江源一時不慎蹙地數百里兹雖別得確鑿之證據而成約恐難遽更也惜哉

老嶺刻石

老嶺刻石

三十五

老嶺刻石

石在老嶺西望長白諸峯出沒隱見東南東北兩面若小白葡萄木頭峯塗山敖山臙脂玉帶乳頭諸山如培塿勒石於上以爲第一次拔木通道之紀念

避風石

避風石

三十七

避風石

石在滾石坡上天風寒徹骨雖盛夏必重裘淩頂者努力直上歇三十餘次汗復涔涔下至此皆體噤粟起不能自勝得此以避之俯視天池如在鏡中憩移時捫石而下至池邊氣一變轉覺溫暖天池靈秀所鍾獨闢異境洵然

龍岡

龍岡　三十九

龍岡

岡在長白南約六十里上有七十二龍灣故謂之龍岡在鴨綠松花二江之中至此夜行迷道十餘里幸遇一捕貂者始引之以出因爲之拍影

南岡

南岡

四十一

南岡

小白山與葡萄山中間龍起盤旋者爲南岡圖門鴨綠兩江分流其間故以南岡爲分水嶺

葡萄河　四十三

葡萄河

葡萄河

河在葡萄山西論眞正界線實在此地奈華民所不至而韓僑占居已久我朝字小爲懷不忍與較今外人執此爲口實臨流審視感慨係之矣

銀川溝 四十五

銀川溝

銀川溝

溝在小白山東南石筍如削馬不能行步而往凡數十里爲尋確實證據備重勘國界之用故至此

神炭窰

四十七

神　炭　窰

神炭窰

木石河下流兩岸壁削高七八丈以來下産自然木炭大者合抱長或數十丈然之有硫磺氣土人呼爲神炭窰木質與尋常木炭無少異登長白時攜有數段入爐試之炭氣最重西人云煤礦皆太古草木積壓而成有軟煤硬煤草煤之分此之所謂神炭者顯係風摧古木爲砂石所覆經地火然燒而成證以各處湯泉意者此草煤之歷年未久受地面壓力較少而未結煤層煤塊者歟

倒水湖

倒水湖　四十九

倒水湖

湖爲三道白河上流懸溜直瀉一落千丈緣峯雜樹參天以億萬計土人名曰倒水湖

城牆磖子

城牆磖子　五十一

城牆砬子

地在二道白河下流有溫泉無數韓僑病者往往浴此而愈西距倒水湖五七里矗若城牆故名

石門
五十三

石門

石門

木石河下流兩峽束水左石各門土人名曰石門門外水勢尤急水涸時砂磧橫亘河結冰每晨輒有水飛流冰上次日復然候之不少爽見者謂爲河潮按地理家言山間有蒸溜泉瀉閟皆有定時蓋即此類

縵江營

縵江營

五十五

縵江營

松花頭道江上游有錦江縵江兩源錦江水勢過急峯亦峻峭僅有椽房兩三處惟縵上下地多膏腴韓僑皆富饒故名爲營營左右山水環抱異境天開頗有奇氣洵爲龍岡後之一大觀土人美其名曰小桃源不爲無見

大浪河

大浪河

五十七

大浪河

河出七星湖之陽原泉滾滾湍流有聲其左右來會諸川若布庫里山南之紅土溝東之弱流河二水合而注之河之西南有石乙水奔流而來數十里又與之合流延吉圖內誤指大浪河爲石乙水三字命名鑄成大錯

國界關係毫釐千里可不愼諸

貂　　　　橡

貂橡

五十九

貂椽

紫貂火金貂皆貴品草貂次之一皮值數十金獵戶架木作椽驗貂行蹤以椽擊之九月十月間往往理機紘中則取之名曰溜椽椽立木爲之上懸橫梁下臥巨木木嵌以齒繩繫橫梁而伏機於齒貂至齒上機發橫梁下往往而得得頗不難惟貂產日少故日貴

園

蔘園　六十一

蔆園

人蔆爲奉天特產層巖絶壑經數百年而一見者名老山蔆然不易得近山居民藝蔆子於地覆木板以蔽驕旭晨夕必使透陽光五七年後蔆成售諸吉林營口各埠以備中外藥劑之用謂之秧蔆實爲東邊出產一大宗云

水椽

水椽

六十三

水檬

大浪石泰紅旗河合流俗名三江口居民設水檬於此

四方頂

四方頂 六十五

四方頂

乳頭山東傑然高峙者曰四方頂樹木尤繁下有韓僑越界佃墾結廬於此旁設木架名水椽與水碓不同用以舂者因萃韓僑男婦攝影於此

夾皮溝會房

夾皮溝會房

松花二道江北數十里有夾皮溝實韓邊外之根據地也溝產金頗夥盛時日以升斗計刻以礦苗不甚暢旺而揀金者不滿千人會勇亦寥寥矣惟會房仍舊有其侄受賢經理餘業常年所收山分尚堪敷衍由奉抵安屢經其室每以韓氏子弟粗莽不知書爲憾第因其尚武遺風至今不少減猶可與善故聚而拍影焉

尋石乙水源

六十九

尋石乙水源

尋石乙水源

紅丹河西北二十餘里有河東北流者爲石乙水涓涓長流兩岸樹𣗥如叢延吉協約乃指此爲國界損失滋多水源左右二百里曠無居人至此者以健馬囊粟往兼之十日九雨山徑險惡日行二三十里遇霪雨輒以糧盡而返去秋沿流溯源竟得至此日韓合併後交涉日棘矣

白山露宿

白山露宿　七十一

白山露宿

長白之行前後四次不以遇雨糧盡而返則山霧彌漫兼旬雖至不得拍一影去秋聊撮小影數片霧起如晦天且雨往往而雹乃聯袂羣呼急下坡片較巨者又以石齒絓韁馬蹶中斷此次登山遇晴適有天幸然仍幾以絕糧而歸偶遇韓僑探親者囊粟而來藉資接濟給以厚值拍影時設布帳於龍岡上至此而長白乃大顯於世云

五虎阜野獵

五虎阜野獵

阜在長白西北隅共五頂形如虎惟奔走坐臥不一狀亦白山之支脈也韓僑椽房斜倚第一阜下雉兔鹿麕遍野率隊擊之幸獲鹿一雉十因煮酒烹食士卒同歡不以跋涉爲苦登山之興借此一助快哉

七十五

旗房

旗房

安圖設治招墾實邊近來融和滿漢疊奉憲諭安插旗民別籌生計因於頭道溝及四道白河建築旗房多間撥地往墾代備牛種器具自食其力借省餉糈使來者有如歸之樂

皇恩高厚無踰於此

新建月牙湖橋

新建月牙湖橋

七十七

新建月牙湖橋

橋以木爲之長十丈闊丈餘下跨汙瀦深及馬腹建此以利行人異日芟除松柞當於山深林密中闢一坦途藉便交通此橋特始基耳

新設甎瓦廠

新設甎瓦廠

七十九

新設甎瓦廠

邊民之居室也編木爲牆剝樹皮覆其上以蔽風雨卽名曰屋近年客民始用葺芽甎瓦所未見也茲既設治建市廛增進文明因立廠燒造以供商民之用庶稍易巢窟之俗招墾實邊來者不致視爲畏途云

新立石灰廠

八十一

新立石灰廠

新立石灰廠

白山左右多礦產惟石堅而黑不易燒灰茲因建築　天女廟於布爾湖特派工師四處採探以備燃燒經數月始於單道江地方得之頑石點頭願供
國用因於立廠後而載酒賀之

安圖設治員司合影

安圖設治員司合影

八十三

安圖設治員司合影

庚戌秋九月在安圖拍照戎服中坐者爲知縣劉建封左右列者爲編輯員吴元瑞文牘員施維梓次則收支員史培基工程長岳景忠又次則收發員苑上林官銀號司務劉開第立於後者六人東首爲墾務司事李國棟次則林政總查員王瑞祥墾務調查員劉壽籛又次則統計員謝榮章農務長王士瀛再次乃警務長劉金璧也若招墾員李麟選勘界測繪員屈廷芳銀號稽查員劉方坻因未回局故不預

跋

伊古帝王崛起瑞應迭臻乃睠彼蒼實鍾
長白翹龍頭於東北陋鶉首於西南鎮艮
維繫坤軸虎踞遼瀋犬牙日韓襟帶柳條
之邊屏藩榆關之塞三江供其吐納五嶽
遜其崇隆是宜天女釐綿
祖宗運應孕山川而毓秀聚海嶽而呈華嘗游肅
慎氏之墟夷攷布庫里山下而知
聖神誕育皆宇宙靈奇矣特以地處窮邊國鄰暘
谷版圖雖隸甌脫久虛積雪近窮髮之鄉
層陰乏應龍之燭人煙隔絕靈蹟湮沈徒
令異國皇華僑民荊棘三日終南之霧九
曲武夷之谿入而輒迷望不可即廢然思
返往輒無功鷸蚌豈利漁人蛇豕洊窺上
國此中外所注目而尤臣民所痛心者也

吾邑　劉桐階明府熟悉邊情關懷時局投豺虎於有北搏熊羆於大東奉
命查邊招員劃界寒嚙子卿之雪險裹鄧艾之氈有時附木而猱升抑或臨崖而雀躍時則蛇盤射影蚋嘬露筋宋義之蝨搏如蜂吳猛則蚊驅似螫矧以熊嗥月黑虎嘯風腥木魅喚人林鴞笑夜當之齒噤聞者魂驚馬股栗而不前人舌撟而無色猶復層巒深入絕壑遄征振臂奮呼當頭獨步雪窟冰天分無地風餐露宿於兼旬百里之樵汲俱窮隔朝則餱糧已斷志在必得氣不少衰然而濁露彌天窮陰匝地白日匿影罡風砭肌驚沙坐飛雨雹時至槖空豈能久待廈庇更覺無從頭地萬難首途四次卒以縋幽所至拍照而還是役也草地晨征布棚晝暝喬柯臥地而成方罫

滾石走丸而下危坡考叔則登城而顛欒書忽入淖而陷怒鞭疾駛舉步飛騰郤子之足已跛石郎之心俱墜用能鏡懸秦殿米聚伏波天險以界華夷邊防愈臻鞏固昭告中外使盡聞知盂慶永安棋爭先著彼夫太公命嶽吉甫降嵩唐帝伊耆重華蒲坂禹誕神於石紐稷作邑於岐山龍虎芒碭之雲天日太原之表靡不靈長疊卜符應丕蒸拯世界於三千兆昌期於五百

而況

眞人天授大造神靈洛鐘西應銅山河曲上衝砥柱菁英既發於絶域崇望必舉於近區有不開卷神馳披圖膜拜者乎嗟乎訏謨開府碩畫殖民李贊皇之籌邊郭令公之退虜謹盱衡而獻曝願駐節以詢芻鐵鑄錯而誰成金鍊砂而已細蓋攝影第爲山之

跋　　　　四

覆簣庶當途皆飲水而思源也已

安圖編輯員揀選知縣吳元瑞謹跋

松圖林政局稽查員通判王瑞祥拍影

安圖文牘員附生施維梓謹繕